LIGUE
DE L'AMNISTIEN
DELAUNAY,
CONTRE UN PATRIOTE.

Grâces aux Brigands ! Protection aux Royalistes ! Guerre à mort aux Républicains ! Tel est le cri de ralliment dans nos contrées !

Français ! il est temps d'échanger ce mot d'ordre.

A ANGERS,

De l'Imprimerie de JAHYER et GESLIN,
rue Milton.

L'an 3 de la République.

Angers, 20 Thermidor, l'an 3 de la République Française,
une et indivisible, et de la mort du Tyran.

J. A. VIAL,

CITOYEN

DE LA COMMUNE DE CHALONNES,

DÉTENU

DANS LA MAISON DE JUSTICE D'ANGERS;

AUX

CITOYENS JURÉS D'ACCUSATION.

RÉPUBLICAINS,

L'INSTITUTION des Jurés fut le chef-d'œuvre de l'Assemblée Constituante. Par elle fut tari cet arbitraire qui livrait aux caprices de la tyrannie l'honneur et la vie des Français. Le but de cette Loi sublime eût été manqué, si le Jury n'eût pas eu la faculté de rejetter les actes d'accusation qui offrent des caractères évidens de nullité. En effet, les Directeurs des Jurés et les Commissaires Nationaux auraient eu en main une initiative funeste, si, pour la garantie des Citoyens, la Loi du 16 Septembre 1791, n'eût pas permis aux Jurés de déclarer *qu'il n'y avait pas lieu à accusation, quand la procédure est contraire à la disposition de la Loi.*

Celle qui va vous être soumise, instruite par le *Juge-de-Paix Mijonnet;* l'acte d'accusation dressé sur cette

A

procédure, par le Directeur du Juré d'Accusation, *Macé-Desbois;* l'approbation que le *Commissaire National*, *Ch. devergne*, y a donnée, sont autant d'actes dictés par la haine et la récrimination. J'appelle les regards de la Justice sur les auteurs de cette trame d'iniquité.

C'est ici le jeu cruel des passions réagissantes et des vengeances de parti. L'exposé des faits relatifs à cette étrange affaire, vous prouvera, Citoyens Jurés, qu'il existe un plan suivi de diffamation contre les Républicains. Rien ne coûte à l'astucieuse combinaison du Royalisme. Des Fonctionnaires publics, de la création du Représentant Delaunay, sont découverts, avec lui, les fauteurs de ce complot scandaleux.

Le 12 Germinal, l'Accusateur Public, *Gautret*, invita tous les bons Citoyens à lui fournir des renseignemens sur toutes les horreurs commises dans nos contrées. Le 29 du même mois, je lui remis un travail à ce sujet, avec les pièces justificatives au soutien. Il me donna reçu du tout.

Peu de jours après, la Société Populaire chargea Bardoul et moi de remettre à cet Officier public, nombre de pièces qu'elle avait recueillies, desquelles Gautret donna un reçu qui fut déposé dans les archives de cette Société.

Mon but, en faisant cette démarche, était d'atteindre les *Terroristes Royaux;* mais celui de Gautret était de vexer les Républicains. Aussi, ne vis-je sortir *de la boutique de Mijonnet*, chargé de l'instruction de cette affaire, que des Mandats d'amener contre onze particuliers, dont quatre ont été déjà mis en liberté; quatre autres sont absens ; quant aux trois derniers, ce ne sont que des agens subalternes qui, en présentant leurs ordres, sont acquittés par la force de la Loi.

Mais ces Mandats d'arrêt ne remplissaient nullement les intérêts de la République, puisqu'ils ne frappaient aucun de ceux qui avaient organisé la guerre de la Vendée ; livré les Villes, les munitions, les subsistances ; pillé le Trésor Public, et désorganisé l'Armée. Je fus bientôt convaincu que l'ordre du jour du Département de Maine et Loire, n'était pas celui de la Convention ; puisque, le 6 Floréal, le renouvellement des Autorités Constituées, par Delaunay, m'offrait, parmi ces Fonctionnaires publics, ceux que ma dénonciation désignait.

Je ne fus pas le seul surpris d'une aussi étrange politique ; tous les bons Citoyens s'en demandaient les raisons. L'inconcevable exécution de l'amnistie, les alarma encore davantage. Enfin, le Peuple, et beaucoup de Soldats, demandèrent qu'on rendît compte à la Convention de ce qui se passait d'extraordinaire dans ces contrées. Je proposai de s'adresser au Représentant Delaunay, alors sur les lieux. Six Commissaires furent nommés : je fus du nombre. Nous nous transportâmes, à onze heures du soir, chez ce Représentant. Il nous répondit que la guerre de la Vendée et des Chouans était finie, et qu'il avait pris des mesures pour avoir des subsistances. Nous portâmes cette réponse à la Société : le Peuple s'en contenta, non sans murmures. Depuis cette époque, souvent, dans les Affiches d'Angers, j'invitai mes Concitoyens à avoir confiance aux Représentans du Peuple ; parce que j'étais persuadé que l'amnistie seule pouvait mettre fin à la guerre civile, qui, depuis, n'a cependant fait qu'accroître.

Pendant que le Représentant Delaunay mentait à la Convention et au Peuple, en assurant que le sang ne coulait plus ; que les campagnes allaient se repeupler ; que la confiance se rétablissait ; que les passions ne

s'agitaient plus ; que les haines particulières se taisaient ;
que les liaisons sociales se renouaient ; que les rapports
commerciaux renaissaient ; que les communications devenaient libres ; que les hostilités cessaient ; et qu'enfin
les Chefs des Rebelles faisaient fusiller ceux qui osaient
porter la main sur les Républicains : pendant ce temps,
dis-je, le sang le plus pur de la République coulait ;
les Brigands assassinaient impitoyablement tous les Fonctionnaires publics et les Patriotes des campagnes, désar-
maient les modérés, obstruaient toutes les routes, inter-
ceptaient toutes les subsistances, recrutaient publiquement
pour l'Armée, faisaient payer les Acquéreurs des Domaines Nationaux et les Fermiers des Émigrés : ils
venaient impunément dans les Villes, s'approvisionner
de tout, à l'aide des passe-ports expédiés au nom de
Louis XVII, sans cocarde Nationale, et quelquefois
avec des signes contre-révolutionnaires. On permettait
qu'ils poussassent l'audace jusqu'à commander à un de
nos concitoyens, un cachet de la Dinastie détrônée.
Ils jouissaient des biens des Réfugiés qui mouraient de
faim à Angers, ou dans les environs. Si un Patriote éner-
gique manifestait son indignation contre ces manœuvres
perfides, il était aussitôt incarcéré. Si quelque Rebelle
était incarcéré, il était à l'instant élargi. Les postes Républicains étaient égorgés, et on retenait les bras vengeurs des Soldats de la Liberté, qui voulaient punir les
assassins de leurs Frères. Ces mesures contre-révolutionnaires, cette provocation à la Royauté affamèrent l'Armée,
et entraînèrent à la désertion une multitude effrayante de
Soldats et de Citoyens découragés. Des ordres sévères
furent donnés à la Force armée, de ne s'opposer, en
manière quelconque, à des excès aussi révoltans. En un

mot, les Loix de la République, et les principes de la Convention, étaient méconnus. Alors un cri général d'improbation s'éleva à la Société Populaire. Huit Commissaires furent nommés pour rédiger une Adresse à la Convention : je fus de ce nombre. Cette Adresse n'atteignait pas son but, en ce qu'elle taisait des faits dont il était important d'instruire la Représentation Nationale. Je résolus de me rendre auprès des Comités de Gouvernement, pour les instruire des évènemens désastreux dont ces contrées étaient le théâtre.

Mais la faction Royaliste apprit mon projet : je trouvai à la Municipalité une opposition du Juge-de-Paix Mijonnet, par laquelle il disait, qu'ayant des renseignemens utiles à donner dans l'affaire des Terroristes, de l'instruction de laquelle il était chargé, ma personne était nécessaire à Angers ; mais dans le fait, ses intentions réelles étaient de m'empécher d'aller éclairer la Convention sur les mesures contre-révolutionnaires qu'on exécutait ici.

Enfin, un mandat de me rendre chez Mijonnet, m'instruisit de l'œuvre d'iniquité dont il était le vil instrument. Arrivé devant lui, la fausseté des faits sur lesquels il basait les différentes demandes qu'il me fit, était parfaitement connue de lui et de ses complices. Isolé de la faction qui le faisait agir, il ne put s'empécher de céder à la force de mes réponses, puisqu'il me reçut à caution ; mais sans doute il fut grondé par son *instituteur ;* car il ne tarda pas à me mander une seconde fois devant lui.

Arrivé de nouveau devant *cet intelligent Magistrat,* je vis que les Royalistes avaient appellé pour témoins, ou des Fonctionnaires publics de *la collection de*

Delaunay, ou à des frères égarés de ce Représentant : et vous sentez, Citoyens Jurés, qu'ils n'avaient pas manqué de m'imputer des délits dont, malheureusement pour eux, j'ai la preuve littérale de la fausseté. Mais mes réponses n'eurent pas le même effet que lors de ma première comparution ; parce que le Juge-de-Paix Mijonnet avait promis à ses complices de *m'incarcérer*. Il fut sourd à mes réclamations, si ce n'est de rester en liberté toute la journée. Il rétracta même sa parole, parce que la faction Royaliste apprit que je devais lire à la Société Populaire l'adresse qu'elle avait arrêté d'envoyer à la Convention. C'était-là *mon délit principal*. Aussi s'empressa-t-on de lui faire mettre au bas de mon mandat d'arrêt ; *il sera mis à exécution sur le champ. A Angers, à une heure et demie après-midi. Signé, Mijonnet.* Citoyens Jurés, l'aspect de ce mandat d'arrêt vous donnera la mesure intentionnelle de mes oppresseurs. Le voici : (1)

-----

(1) Étienne-Michel Mijonnet, Juge-de-Paix, Officier de Police de Sûreté, en la Commune d'Angers, mandons et ordonnons à François-René Quesnion, ou autres à ses ordres, Exécuteurs d'ordres de Justice, de mettre et conduire en arrestation provisoire, en la Citadelle, Jean-Antoine Vial, ancien Maire de Chalonnes, Membre du Comité Révolutionnaire, et habitant aujourd'hui, après autres fonctions, en la Commune d'Angers, jusqu'au mandat général d'arrêt contre les agens coupables des Autorités Révolutionnaires inculpées des noyades, fusillades, dilapidations, calomnies, système de dépopulation, exercées et commises en ce Département, et auxquelles il a participé en tout ou partie, et après ledit mandat d'arrêt général, être livré au Juré d'Accusation, sous toutes réserves et protestations de droit. Mandons et ordonnons à tous Dépositaires de la Force publique de prêter main-forte à l'exécution du présent. Donné à Angers, le 26 Floréal, l'an 3 de la République Française, une et indivisible. *Signé*, Mijonnet.

P. S. Et sera mis à exécution sur-le-champ. A Angers, à une heure et demie après-midi. *Signé*, Mijonnet.

Douze jours après, (le 12 Prairial) le Directeur du Juré , *Macé-Desbois* , envoya au Commandant de la Citadelle l'ordre de faire conduire Gouppil et moi dans la Salle du Prétoire du Tribunal , pour y être interrogés. C'est peut-être la première fois que le dénonciateur et le dénoncé ayent été détenus ensemble pour le même fait , et interrogés conjointement sur la même cause. Un fait puéril en lui-même , mais qui peut contribuer à déceler la prévention du Directeur du Juré ; c'est que, dans ses ordres d'amener , Gouppil, accusé, est qualifié du nom de *Citoyen ;* et que moi, son accusateur, suis dédaigneusement appellé *le nommé.*

L'honnête Républicain présent à mon interrogatoire , eût gémi de l'évidente partialité que j'ai manifestée : rien n'est plus , en effet, déchirant , que l'aspect du Royalisme armé du glaive de la Loi , contre un Patriote innocent. Le Directeur du Juré , dans son fauteuil, avait l'air d'un coupable que ma présence faisait pâlir. Il n'aurait jamais terminé son opération, sans la secrète intelligence du Commissaire National , qui, d'une pièce voisine, communiquait avec lui , par le moyen du *Secré*taire Garanger , qui était le colporteur direct de ses pensées au Directeur du Juré.

Je parvins toutes fois à réduire mon interrogatoire aux deux points dont il était susceptible : J'établis, par le premier , qu'aucune Puissance ne pouvait légalement me soumettre au Jugement d'un Tribunal composé *exprès par Delaunay , de mes parties adverses ;* et qu'en second lieu, étant l'accusateur des Terroristes Royaux auxquels on voulait m'accoler , le Directeur du Juré ne pouvait dresser aucun acte d'accusation contre eux, sans mon intervention ; qu'en conséquence , je le requérais d'avoir à m'exhiber les pièces.

Vous sentez bien , Citoyens Jurés , que Macé-Desbois , se garda bien d'accéder à aucune de mes demandes. S'il l'eût fait , j'aurais d'abord mis un fait , que *Mijonnet*, *Gautret*, les témoins entendus , et la plûpart des Juges étaient des Royalistes incapables d'impartialité envers des Républicains , et que le Juge-de-Paix Mijonnet , et Gautret , Accusateur public , avaient insidieusement soustrait les pièces que je leur avais remises , afin de persécuter les Patriotes , tout en gardant le plus coupable silence sur les délits imputés aux contre-Révolutionnaires. (1)

Cependant le Directeur du Juré , persistant à m'interroger , dans les vues perfides de me compromettre par un acquiescement qu'il me voulait surprendre ; je refusai de répondre. Je n'ai pas besoin , Citoyens Jurés , de vous retracer ici ses astucieuses demandes , pour vous convaincre de l'oppression que j'éprouve ; sans doute la conviction est déjà dans vos cœurs : mais l'intérêt de cent mille Patriotes dans les fers , et sous la sanglante récrimination du Royalisme , exige que je fasse connaître à la Convention , à la France entière , le triste

---

(1) En 1792 , la Cour s'était emparée des Juges-de-Paix , pour terrifier les Patriotes par la crainte des formes flétrissantes et juridiques : ces hommes se dévouèrent alors au service de la tyrannie , pour ne poursuivre que des amis de la Liberté. Aujourd'hui le Royalisme a renouvellé cette tactique ; les Juges-de-Paix exercent la plus cruelle et la plus *factieuse* initiative contre les Républicains. La persécution que ces Juges en première instance établissent contre ceux qui ont servi la Révolution , répand la terreur dans les ames les plus pures ; on voit l'esprit de parti , les vengeances calomnieuses animer presque tous leurs actes , et servir honteusement les fureurs de la réaction Royale : réaction qui détruit insensiblement l'amour de la Liberté,

résultat d'une réaction qui écrase la Liberté , qui était les sources du vrai patriotisme.

Je dois vous observer ici, que, dans l'interrogatoire de Macé-Desbois , il m'a demandé: « Si je n'avais pas fait » fusiller particulièrement trois hommes , lorsque j'étais » assuré que , de leur reddition dépendait celle de plu- » sieurs personnes des environs de Chalonnes. »

Je n'ai pas répondu à cette interpellation ; mais comme la malveillance et même la bonne foi séduite par le Royalisme , en pourrait conclure que mon refus de répondre est la conviction du délit ; je vais , sans tirer à conséquence, réfuter cette horrible calomnie. Vous jugerez dans l'instant, par ce fait, de quoi sont capables les Fonctionnaires publics nommés par *Delaunay* ; vous jugerez l'intention de ces frères égarés , que ces mêmes Fonctionnaires provoquent journellement à dénoncer les Patriotes. Ce n'est pas moi qui vais me disculper du délit dont il est cas ; la preuve matérielle de mon innocence est consignée dans la Lettre suivante ; elle est d'un des plus honnêtes Généraux qui soient venus dans la Vendée (1).

---

(1) « Je ne vous ai envoyé jusqu'à présent de Prisonniers que ceux » qui étaient bien connus et bien prouvés pour être Chefs, et consé- » quemment pour être guillotinés.

» Je vous ai aussi envoyé les hommes qui n'étaient que suspects ; » mais ceux qui étaient bien connus pour avoir été partisans des Brigands » de fait et d'opinion ; je n'en ai jamais embarrassé les prisons , ni » votre Comité. C'est, comme vous savez, le vœu des Représentans » et des Révolutionnaires.

» Il m'avait été dit que le Citoyen Robineau, Adjoint, que j'avais » placé à Beaulieu, ne mettait pas assez de nerf et de vigueur, et qu'il » faisait trop de Prisonniers. D'après cela , je lui ai donné ordre de ne

Les réflexions que présente cette lettre, n'échapperont pas à votre sagacité, Citoyens Jurés; elles prouvent que les trois hommes fusillés à Chalonnes, les seuls qui y ayent subi cette peine avant le passage de Turreau, ne l'ont pas été par mes ordres. Et comment auraient-ils pu l'être, puisque, loin d'avoir jamais accepté de pouvoirs semblables, j'ai dénoncé à cette époque même, ceux qui les donnaient et ceux qui les exécutaient ? Elles prouvent qu'à cette époque du 4 Frimaire, il y avait plus de trois mois que je ne faisais plus partie des Autorités Révolutionnaires ; elles prouvent enfin, que la Municipalité qu'on

>> point faire passer de Prisonniers à Angers, que je n'en aye eu connais-
>> sance, et pris les renseignemens convenables.

>> Il est résulté que ces jours-ci il en a amené beaucoup à Chalonnes
>> où il commande ; que, dans ce nombre, il a su par des renseignemens
>> positifs, que trois, sur-tout, étaient très-Brigands ; et, sur son rap-
>> port, je lui ai ordonné verbalement de les faire sortir de Chalonnes,
>> et les faire fusiller à une demi-lieue ou trois quarts de lieue de distance.

>> Vous verrez, par la lettre ci-jointe, les entraves qu'il a éprouvées
>> de la part de la Municipalité et d'un Capitaine. Ce n'est rien de ce
>> dernier ; je remédierais aisément, s'il récidive : mais c'est la Munici-
>> palité qui n'aurait pas contredit ces mesures de sûreté, lorsque j'étais
>> à Chalonnes, et qui vient en ce moment faire un acte de modéran-
>> tisme, dans le moment où il faut employer la plus grande vigueur,
>> pour se garantir des scélérats cachés dans le Pays. Beaucoup de gens
>> ont des parens ou des amis. Ce sont les faiblesses du Pays, et qui
>> font leur possible pour exciter et former quelque rassemblement.

>> Je vous déclare, Citoyens, que je suis l'ennemi du sang ; mais la
>> Patrie et le salut de la République commandent les mesures de sûreté ;
>> et j'obéis.

>> Salut et Fraternité. Vive la République !

>> Au Quartier-Général de S. Florent, le 4e. jour de Frimaire, du 3e.
>> mois de l'an second de la République Française, une et indivisible. >>

Signé : Le Général de Brigade. M o u l i n.

suppose que je dirigeais, s'opposa à cette fusillade, et que cette opposition lui attira des reproches de modérantisme. Mais ce qui prouve encore davantage, et ce que la lettre n'apprend pas, c'est qu'alors je ne pouvais même pas être à Chalonnes, puisque j'étais occupé de plus d'une manière à Angers, pour mettre la Ville en état de repousser les Brigands qui l'assiégèrent sept jours après. Il suit de là que les Royalistes et *les Frères égarés* de Delaunay, qui m'ont inculpé pour ce fait, ne sont que des faux Témoins que tous les Arrêtés de leur *Protecteur Delaunay* ne soustrairont pas aux peines qu'ils ont encourues.

Le Directeur du Jury, *Macé-Desbois*, me demanda aussi *si je n'avais pas accusé de Fédéralisme différentes Autorités de ce Département?* A cette demande comme aux autres, je refusai de répondre. Mais il faut vous instruire, Citoyens Jurés, de ce que Delaunay et ses Complices appellent Fédéralisme. . . . . Ce sont, suivant eux, les délits commis par les Administrateurs du Département de 1792 et 93. Or je soutiens que ces Administrateurs n'étaient pas des Fédéralistes, mais des grands coupables qui occasionnèrent la rebellion de la Vendée, et par conséquent la cause première de tous les malheurs qui nous ont successivement affligés, et mis la République à deux doigts de sa perte. Je vais démontrer ces vérités, quoiqu'elles soient connues de tous les bons Citoyens du Département.

Est-ce *Fédéralisme*, la Proclamation que ces Administrateurs affichèrent avec profusion, le 24 Juillet 1792 : (vieux style.) Proclamation qui traitait le *Gouvernement Républicain* de conception extravagante, méprisable, si même elle ne devait pas exciter la haine et l'indignation des gens de bien ? *Est-ce Fédéralisme* , l'ordre qu'au commencement de Mars 1793, ils donnèrent à la Garde Nationale de rentrer à Angers, lorsqu'elle poursuivait vivement les Rebelles à Jalais ? *Est-ce Fédéralisme*, l'envoi fait le lendemain à cette Force armée déjà rentrée, de munitions de guerre et de bouche, qui devinrent la proie des Brigands, après qu'ils eurent assassiné ou fait prisonniers les dix-huit hommes qui les escortaient ? *Est-ce Fédéralisme* de n'avoir envoyé à Chalonnes, le 23 du même mois, que 1200 Cultivateurs du District de Baugé, qui n'avaient jamais vu le feu, sans fusils, sans munitions de guerre, contre trente mille Rebelles, lorsque ces Administrateurs avaient à leur disposition, outre la Garde Nationale d'Angers, celle de la Flèche qui possédait de l'artillerie ? *Est-ce Fédéralisme* d'avoir constamment refusé toutes espèces de munitions et de secours en argent à la Municipalité de Chalonnes ? *Est-ce Fédéralisme* d'y avoir envoyé un Commissaire chargé de pourvoir à tout , et qui ne pourvut à rien, mais qui tenta de faire capituler les Officiers Municipaux avec les Rebelles ? *Est-ce Fédéralisme* d'avoir enseveli la trahison du Commissaire et de plusieurs autres qui livrèrent cette Commune aux Brigands? *Est-ce Fédéralisme* d'avoir bafoué les Commissaires que cette même Commune envoya vers ces Administrateurs, quelque temps avant son invasion, pour leur dénoncer Fleury, devenu Membre d'un Comité contre-révolutionnaire ? *Est-ce Fédéralisme* d'avoir, au mépris de la Loi, dispensé les Déserteurs du premier Bataillon du Département, de rejoindre leurs drapeaux, en créant sans autorisation, pour les remplacer, une Gendarmerie bourgeoise ? *Est-ce Fédéralisme* d'avoir forcé , le 13 Juin, c'est-à-dire, six jours avant l'arrivée des Rebelles, les braves Angevins de quitter leurs foyers ? *Est-ce Fédéralisme* d'avoir abondamment pourvu de subsistances , d'armes , en un mot de munitions de tous genres, les Nobles et les Prêtres Vendéens? *Est-ce Fédéralisme* d'avoir favorisé l'évasion des Déserteurs Prussiens, pour qu'ils renforçassent l'Armée des Brigands? *Est-ce Fédéralisme* d'avoir souffert pour leur Président l'ex-Noble Dieusie, qui, en violation de la Loi, s'était borné à plâtrer les armes qui ornaient le portail de son château ; qui avait caché ses titres retrouvés depuis par le Comité Révolutionnaire ; qui s'était rendu caution des meubles de Serrant, émigré ; ce traître qui, deux jours avant l'évacuation d'Angers, liquida les droits successifs de son fils, du chef de sa mère morte, s'en fit donner quittance , pour éluder la confiscation , et pour favoriser son passage avec les Révoltés ; homme qui, depuis l'amnistie, a impunément promené dans Angers, mangé , fraternisé avec les Delaunay , et qui, de concert avec Turpin , son oncle, vient de livrer aux Chouans le chef-lieu du District de Segré , dans lequel , grâces aux Administrateurs nommés par Delaunay , les Rebelles ont trouvé la caisse du Receveur de ce District intacte ? *Est-ce Fédéralisme* , enfin , d'avoir , lors de leur rentrée à Angers , fêté , carressé ceux-là qui avaient accepté des places dans la Municipalité royale , et que , sans doute en récompense de leur servile dévouement , Delaunay a dernièrement promus à des fonctions publiques ? Tels sont, Citoyens Jurés , vous le savez, et sans doute vous en avez gémi comme moi , les hommes dont les Gautret, les Mijonnet et les Tribunaux d'Angers , s'établissent aujourd'hui les vengeurs , sous le spécieux prétexte qu'ils ont l'honneur de se dire Fédéralistes ; et que, sous cette dénomination , ils veulent ensevelir leurs crimes. Mais sont-ce là des Fédéralistes opprimés? Je ne le pense pas.

Je veux bien cependant ranger ces Administrateurs dans la classe des Fédéralistes à qui sont dues de justes réparations. Serait-ce à moi à qui leurs vengeurs devrient s'adresser? Non, sans doute; car il n'y a eu que moi qui les ai défendus. Vous savez, Citoyens Jurés, tout ce que j'ai fait pour empêcher que la Commission Militaire ne prît connaissance de cette affaire, lorsque Francastel les fit venir d'Amboise. C'a été le premier motif qu'on a eu pour m'envoyer au même Tribunal qui les a jugés. Mais ce délit, reconnu imaginaire aujourd'hui par la Convention, a été consacré par une Loi émanée d'elle les 13 et 14 Août 1793 : tous les Représentans du Peuple ont propagé ces Loix de toute leur puissance ; les Administrateurs même que Delaunay a conservé dans leurs places, furent alors les plus déterminés improbateurs du système fédératif ; tout Angers, la France entière, déclamèrent fortement contre lui ; enfin, l'Accusateur public, Gautret lui-même, et le frère du Représentant Delaunay, firent tomber, par l'effet de leurs dénonciations, la tête de Tessié-Ducloseau. Je vais développer ces faits.

Dans le compte rendu à la Convention, par les Représentans Choudieu et Richard, j'y vois, page 34 : *A Poitiers, à Angers, à Niort, on vantait, jusques dans les Sociétés Populaires, les avantages du Fédéralisme. Un Représentant du Peuple, lui-même, a prêché publiquement cet infâme système.*

Dans une Adresse à la Convention, dressée par Villier et Leterme-Saulnier, nommés Administrateurs par Delaunay, j'y vois : *Une affreuse coalition d'Aristocrates et de Fédéralistes, cherchait, depuis long-temps, à cor-*

rompre l'esprit public dans notre Département, et pré-
parait à la Ville d'Angers, jadis célèbre par son patriotisme, un sort semblable à celui des Villes de Lyon et
de Toulon, etc. etc. Ce n'est pas tout; cette partie de
la Convention Nationale, composée des vrais Républicains, des vrais amis du Peuple; cette Montagne qui,
semblable au Mont Sinaï, nous a donné les Tables de
la Loi, était, etc. etc.

Je vois, dans le registre des Délibérations de la Société
Populaire des Jacobins d'Angers : *Le Président, adres-
sant la parole aux Représentans, a dit : Que la Société
était vivement touchée de n'avoir pas eu l'avantage de
posséder dans son sein, depuis long-temps, Francastel.
Francastel a répondu que, s'il n'était pas venu à la Société, c'est qu'elle n'avait pas sa confiance, puisqu'elle
avait des Membres suspects de fédéralisme, et notamment Mevolhon qui en était le Président. Hentz a dit :
qu'il s'élevait une faction dans le sein de la Société,
dans l'instant qu'il s'agit de punir de grands coupables.
Un Membre a dit : Qu'il n'y avait point de faction dans
cette Assemblée; qu'il fallait que le glaive de la Loi
tombât sur la tête des coupables. La Société et le Peuple
se sont levés simultanément, et ont adhéré à ce que le
Membre avait dit. Des cris multipliés de vive la République ! vive la Convention ! se sont fait entendre de
toutes parts.*

Cette délibération a été rédigée par Coulonnier, Président du Département actuel, nommé par Delaunay.

Je vois encore, dans une lettre écrite par Francastel,
à la Commission Militaire : *Que le Représentant a donné
des ordres pour faire venir d'Amboise les Fédéralistes,
pour les faire juger par cette Commission.*

Enfin, vous verrez, Citoyens Jurés, dans le premier

registre du Comité Révolutionnaire d'Angers, que je vous prie de vous faire représenter ; *que Gautret, Accusateur Public, et le frère du Représentant Delaunay, ont dénoncé Tessié-Ducloseau, pour fait de Fédéralisme ; avec cette particularité : Que le Fédéraliste prétendu s'était enrôlé le premier dans l'Armée de Wimphen, pour marcher sur Paris.*

Je demande maintenant : Qui est-ce qui serait coupable envers les Fédéralistes, en supposant qu'il y en eût ? Je demande à Mijonnet, à Gautret, au Commissaire National et aux Juges du Tribunal, par quelle fatalité je me trouve inculpé pour ce prétendu délit ? C'est qu'on n'avait pas d'autre prétexte porr m'empêcher d'aller rendre compte à la Convention de la réaction Royaliste qui nous conduit à la contre-Révolution ; contre-Révolution qui déjà serait consommée, si nos Représentans fidelles, et nos braves Frères d'armes, n'avaient repoussé les Anglais qui ont vomi sur la terre de la Liberté, les Émigrés. Mais il faut enfin que la lutte entre les Républicains et les Royalistes finisse ; et je vais démontrer que ces scélérats, en m'opprimant, se sont pris dans leurs propres filets.

Les soi-disant Fédéralistes, desquels Gautret a épousé la vengeance, non comme Accusateur Public, mais comme Directeur de la faction Royaliste, sont de grands coupables à punir. J'ai remis à Gautret et à Mijonnet, un Jugement du 29 Vendémiaire, qui porte : *Qu'il est constant qu'il a été pratiqué, dans la Commune de Chalonnes, des manœuvres tendantes à livrer cette place aux Brigands de la Vendée, et par-là, favoriser les projets de leurs armes contre la République.* Vous trouverez ce Jugement, pages 88 et 89 de la Brochure dont

je

je vous ai déjà parlé. Ce n'est pas là du *fédéralisme*, mais bien de la rebellion envers la République.

J'ai remis à ces deux Officiers publics la procédure sur laquelle est intervenu ce Jugement ; procédure qui a été instruite par Gautret lui-même , et de laquelle il résulte la preuve la plus complette, que Cherbonneau, Commissaire du Département, a voulu faire capituler les Officiers Municipaux de Chalonnes avec les Rebelles ; que Bousseau et Lebrun ont crié sauve qui peut, et mis la Force armée en déroute ; que les mêmes Bousseau et Lebrun, conjointement avec les deux Foucault, beaux-frères de Bousseau , ont voulu me forcer, à coups de sabres , à signer la capitulation avec les Rebelles ; que ces traîtres leur ont porté une lettre, et sont revenus avec eux en triomphe, dans Chalonnes, après avoir arboré la cocarde blanche, en criant vive le Roi ! vive la Religion ! que ces individus, arrêtés et conduits à Angers, y ont été interrogés par Gautret, alors Membre du Département, et a décerné des Mandats d'arrêt, les 25 et 28 Mars 1793 (vieux style); que ces prévenus ont été mis en liberté , lorsque les Administrateurs du Département firent lâchement abandonner aux braves Angevins leurs foyers, et que depuis, cette Administration ne les a plus recherchés ; qu'il résulte de ces faits et des circonstances et dépendances dont j'ai déjà parlé , que ces Administrateurs sont auteurs, ou tout au moins complices de cette trahison et de l'insurrection de la Vendée ; ainsi que vous pourrez, Citoyens Jurés, mieux vous en convaincre par la lecture des pièces que vous trouverez dans les pages 40 , jusques et inclusivement 54 de ma Brochure.

Ces délits , Citoyens Jurés , sont tellement graves ,

B

que le Code Pénal , Titre premier de la seconde Sec-
tion , Article II , de la Sûreté intérieure de l'État, porte :
« Toute conspiration et complot tendant à troubler l'État
» par une guerre civile, en armant les Citoyens les uns
» contre les autres , ou contre l'exercice de l'autorité lé-
» gitime, seront punis de mort.

Art. III. » Toute attaque ou résistance envers la Force
» publique agissant contre lesdits complots ; tout enva-
» hissement des Villes , forteresses, magasins ou arse-
» naux , seront punis de mort. Les auteurs, chefs, ou
» instigateurs desdites révoltes , et tous ceux qui seront
» pris les armes à la main, subiront la même peine.

Art. IV. » Les pratiques et intelligences avec les Ré-
» voltés , seront punies de la même peine ».

Or, par quelle fatalité l'Accusateur Public, Gautret,
et le Juge-de-Paix , Mijonnet, le Directeur du Juré, le
Commissaire National et les Juges du Tribunal, n'ont-
ils donné aucune suite à un délit aussi grave , et dont
les preuves sont entre leurs mains ? et ne se sont - ils
attachés qu'à poursuivre les Terroristes ? C'est que les
auteurs des premiers délits sont des Royalistes , et que
ceux qui sont prévenus des seconds, sont des Républicains ; que dis-je ? c'est que la plûpart des Autorités régénérées par Delaunay , sont impliquées d'une manière
grave, dans cette affaire ; et que les crimes ne sont rien
aux yeux des Amnistiens , et à ceux de leurs complices :
c'est qu'en détruisant les Patriotes , la réaction Royaliste
éprouverait moins d'obstacles ; et cela est d'autant moins
susceptible de doute, que ces mêmes individus ont pro-
voqué, de plus d'une manière, à la Royauté, ainsi que
je le démontrerai bientôt. Aussi, ont-ils cru utile à leurs
intérêts de me métamorphoser en Accusé, d'Accusateur

que j'étais, afin de mieux ensevelir leurs crimes, en me faisant disparaître de la République. Aussi, le Directeur du Juré m'a-t-il refusé de convenir avec moi de l'acte d'accusation contre ceux que j'avais dénoncés ; parce que déjà il avait conçu le dessein de ne pas vous soumettre les délits graves dont je viens de parler.

Il s'ensuit de ce que je viens de vous dire, Citoyens Jurés, que l'Accusateur Public, Gautret, et le Juge-de-Paix, Mijonnet, le Directeur du Juré, Macé Desbois, et le Commissaire National, Chedevergne, nommés par Delaunay, ont prévariqué dans leurs fonctions, chacun en ce qui les concerne ; l'un, pour n'avoir pas instruit l'affaire comme elle devait l'être ; l'autre, en supprimant les preuves de conviction ; les autres, enfin, en refusant de m'admettre à la rédaction de l'acte d'accusation. Leur prévarication est d'autant plus évidente, qu'elle emporte avec elle la fraude la mieux caractérisée, et que leur conduite est diamétralement opposée aux dispositions du Code Pénal.

« Lorsqu'il y aura une partie plaignante ou dénon-
» ciatrice, dit l'Article IX du Titre premier de la Pro-
» cédure Criminelle, devant le Tribunal du District, et
» qu'elle se présentera par elle-même, ou par un fondé
» de procuration, l'acte d'accusation sera dressé de con-
» cert avec elle ». L'Article X dit : « Si le Directeur
» du Juré et la Partie ne peuvent s'accorder, soit sur les
» faits, soit sur la nature de l'accusation, chacun d'eux
» pourra rédiger séparément son acte d'accusation ».

Or, je suis Dénonciateur des faits contenus dans la Brochure dont j'ai parlé, et dix pièces justificatives y annexées. J'en ai un reçu de l'Accusateur Public, Gau-tret, en date du 29 Germinal. J'ai offert au Directeur

du Juré , le 12 Prairial, de convenir de l'acte d'accusation ; et cependant ce Directeur de Juré , et le Commissaire National, ont passé outre sur la procédure, au
mépris de la Loi , sans m'entendre. Pourquoi cette
contravention ? C'est, encore une fois , pour servir les
Royalistes , et pour nuire aux Patriotes.

L'Article XIV du même Titre , porte : « Dans tous
» les cas où le corps du délit aura pu être constaté par
» un Procès-verbal , il sera joint à l'acte d'accusation,
» pour être présenté conjointement devant le Juré , à
» peine de nullité de l'acte d'accusation ».

Or, le corps du délit de la livraison de Chalonnes aux
Rebelles , est non-seulement constaté par un Procès-verbal, mais même par une information et par des interrogatoires et des Mandats d'arrêts. La procédure est
donc nulle, puisque Gautret et Mijonnet n'ont pas donné
suite à ma dénonciation sur ce fait.

Il faut donc , Citoyens Jurés, que vous usiez du droit
que la Loi a mis en vos mains , en déclarant qu'il n'y
a lieu à accusation, dans l'état où la procédure se trouve,
contre aucun des Prévenus qu'on vous présente à juger.
Il serait à désirer que la Loi vous permît de faire quelque
chose de plus. Mais ce sera au Tribunal de Cassation à
prononcer sur l'extraordinaire conduite que les Juges
ont tenue dans cette affaire. Voici le Procès-verbal de
mon interrogatoire (1) :

---

(1) Aujourd'hui 12 Prairial, l'an 3 de la République Française, une
et indivisible ,

Moi, René Macé-Desbois , Juge du Tribunal du District d'Angers ,
Chef-Lieu du Département de Mayenne et Loire , Directeur du Juré ,
me suis transporté dans la Salle ou Prétoire dudit Tribunal , à l'effet d'y
interroger le Citoyen Jean-Antoine Vial , prévenu de divers délits.

L'Accusateur public, Gautret, s'était acquis une certaine réputation, en poursuivant les voleurs sous l'ancien régime; mais incapable de discerner la distance qu'il y a entre les Prévenus d'alors, et les Patriotes opprimés

---

Où étant, les portes dudit Prétoire ouvertes, j'ai mandé et fait venir de la maison d'arrêt, en ledit Auditoire, ledit Vial; aux interrogatoires duquel étant assisté de Pierre Garanger, Greffier ordinaire dudit Tribunal, a été procédé comme s'ensuit :

Interpellé le Prévenu de nous déclarer ses noms, âge, profession et demeure.

A dit s'appeller Jean-Antoine Vial, âgé de cinquante-deux ans, natif du lieu de Cipières, District de Grace, Département du Var, Propriétaire depuis vingt ans, dans le Département de Maine et Loire, habitant avant la livraison de Chalonnes aux Brigands, audit Chalonnes; Maire de ladite Commune, depuis le 1er. Janvier 1793, (vieux style.) jusqu'au 22 Mars de la même année; Membre du Comité Révolutionnaire établi à Angers, depuis le 20 Juillet de ladite année, jusqu'au 6 Octobre suivant; Procureur-Général-Syndic du Département de Maine et Loire, depuis ledit jour 6 Octobre, jusqu'au 14 Frimaire, époque de la Loi Révolutionnaire qui a été la cause qu'il a cessé toutes fonctions.

A lui demandé s'il n'a pas, en sa qualité de Membre du Comité Révolutionnaire, cherché à avilir les Autorités Constituées de ce Département.

A répondu que, ne pouvant répondre à aucune des questions qui pourraient lui être faites par le Directeur du Juré d'Accusation; parce que, d'un côté, le Tribunal Révolutionnaire est déjà saisi d'une partie de l'affaire dont il est question; et que, de l'autre, il croit être fondé à récuser, pour l'autre partie, les Tribunaux Civils et Criminels, ainsi que le Juré du Département; il va se borner à démontrer aussi succinctement qu'il le pourra, la machination que les ennemis de la Chose publique ont ourdie, pour sauver les grands coupables, et de laquelle ressortira le moyen puissant de l'accusation qu'il se croit fondé de proposer; qu'il était réservé à celui qui a déjà exposé sa tête pour sauver le Département de Maine et Loire, de l'exposer une seconde fois, pour dévoiler, aux yeux de la Convention et au Peuple Français, les efforts que les Terroristes, les Royalistes, les Vendéens et les Chouans font

par une amnistie dont l'exécution n'a été rien moins
que contre-révolutionnaire ; il s'est laissé surprendre
par Delaunay qui s'est servi de lui pour l'exécution d'un
des articles secrets convenus avec *Charrette* et *Stofflet*,

---

dans ce moment, pour alimenter la guerre civile dans cette contrée,
et remettre aux Français les fers qu'ils avaient si victorieusement brisés.

A lui représenté que sa réponse ne satisfait point à mon interrogatoire : pour quoi je l'interpelle de nouveau sur la question de savoir,
si, en sa qualité de Membre du Comité Révolutionnaire, il n'a pas
concouru, par ces actes particuliers, à avilir et compromettre les
Autorités Constituées de ce Département.

A répondu que, pour qu'un Accusé puisse faire des réponses, il faut
qu'il soit traduit devant un Tribunal compétent ; que, lorsqu'un accusé
propose un déclaratoire, il faut que le déclinatoire soit jugé avant tout ;
parce que, s'il répondait, il reconnaîtrait le Tribunal compétent.

A lui représenté qu'il a reconnu la compétence, puisqu'il ne l'a pas
débattue à l'encontre du Juge-de-Paix ; et qu'ainsi la procédure tenue
par le Juge-de-Paix, ayant été remise au Directeur du Juré, celui-ci
a le droit de lui faire subir interrogatoire ; que d'ailleurs ce sera lorsque
le Juré d'Accusation aura prononcé s'il y a lieu ou non, qu'il pourra
proposer son déclinatoire ; parce qu'autrement ce serait enlever à la
Justice, par des moyens évasifs, la connaissance des délits.

A répondu que le Juge-de-Paix n'a fait que la fonction d'Officier
de Police et de Sûreté générale ; que c'est aussi parce que ce Juge-de-
Paix à qui la Loi ordonne de renvoyer les Justiciables devant le Juge
compétent, ne l'a pas fait, et qu'il l'a renvoyée devant des Juges qui
sont ses propres parties, et qu'il a le droit de les récuser ; qu'en conséquence, il persiste dans son déclinatoire, refuse de répondre, et proteste intimer et prendre à partie tous ceux qui voudront l'empêcher de
dévoiler la vérité au Peuple abusé.

A lui demandé s'il persiste dans son déclinatoire, et si au contraire
il veut obéir à Justice.

A répondu que personne n'est plus disposé que lui à obéir à Justice,
et qu'il en a donné des preuves dans la dernière affaire qu'il a eue ; puisqu'ayant été élargi, il s'est reconstitué Prisonnier, pour être jugé par
des personnes qu'il veut impliquer dans l'affaire, avec des preuves non-

dont le résultat a prouvé qu'il consistait à faire disparaître tous les Patriotes énergiques, pour sauver les assassins de nos Frères d'armes, qui, dans ce moment même, ne veulent ni connaître ni exécuter les Loix de la République; et on sent que, pour faire adopter de tels principes, il a été obligé de commettre de grandes iniquités : mais il a été tellement aveuglé sur ses procédés, qu'il serait lui-même dans l'embarras, si le système erroné qu'on lui a fait embrasser, pouvait avoir lieu. La contradiction qui se rencontre dans son ancienne conduite, et celle qu'on lui fait tenir actuellement, justifiera ce tableau.

Vous savez, Citoyens Jurés, que lorsqu'il a s'agi de combattre les Rebelles, Gautret a partagé avec ses Concitoyens, et même avec zèle, cette glorieuse entreprise.

équivoques ; qu'en conséquence, il persiste dans son déclinatoire et dans les protestations qu'il a faites.

Lecture à lui faite de nos interrogatoires et de ses réponses ;

A dit : Qu'en persistant dans son déclinatoire, il observe au Citoyen Directeur du Juré, qu'à l'égard des dilapidations qui ont été commises dans ce Département, il a fait une dénonciation, et remis les pièces au soutien ; que, d'après cela, l'acte d'accusation doit être dressé contre les Prévenus, et ne peut être dressé que conjointement avec lui, conformément à l'Art. IX du Tit. Ier. de la Justice Criminelle et de l'Institution des Jurés ; qu'en conséquence, il requiert le Citoyen Directeur du Juré d'avoir à lui communiquer sur-le-champ toutes le pièces de la procédure, et de dresser l'acte d'accusation, s'il y a lieu ; offrant, si la procédure n'est pas en règle, de se présenter à toute heure, pour concourir à démasquer ceux qui ont volé la République. Et a signé.

La minute est signée : *J. A. Vial, Macé-Desbois, et Garanger.*

Délivré par extrait, en exécution du Jugement du Tribunal du District d'Angers, du 5 de ce mois, pour copie conforme à la minute déposée au Greffe dudit Tribunal, coté sur toutes les pages, et signé au bas de chacune d'icelles ; *Macé-Desbois, J, A. Vial, et Garanger.*

Vous n'ignorez pas non plus, que, lorsqu'il a été question de faire exécuter les Loix Révolutionnaires contre les Brigands, il a disputé à la Commission Militaire le plaisir de la poursuite. Si vous ignorez ce fait, vous en trouverez la preuve, pages 120, 121, 122 et 123, de la Brochure que je vous remets. On sait qu'il ne s'est pas mal acquitté de sa place, par suite de sa pétition à l'Agent National du District d'Angers. Lorsqu'il fut question de poursuivre les traîtres qui avaient livré Chalonnes aux Rebelles, ce fut lui qui instruisit cette procédure, qui décerna les mandats d'arrêts contre les coupables ; que son zèle parut trop ardent aux Prévenus, et qu'ils furent l'insulter chez lui ; que, lorsque je me plaignis de ce qu'on ne mettait pas ces ennemis publics en jugement, il me répondit qu'il ne pouvait pas faire tout ce qui était juste avec les Administrateurs qui composaient le Directoire du Département ; que ces Administrateurs se cachaient du Conseil, dont il était Membre ; que, lorsque ce Directoire l'envoya avec Tessié-Ducloseau, qui était aussi Membre du Conseil, aux Administrateurs du Calvados, il avait cru que sa mission ne tendait qu'à leur demander des forces contre les Rebelles ; mais que, lorsqu'il vit que son co-Député demandait des Troupes pour marcher sur la Convention, il se retira, et que Tessié-Ducloseau resta et s'enrôla dans l'Armée de Wimphen ; qu'à son retour à Angers, il n'eut rien de plus pressé que de venir dénoncer ces faits au Comité Révolutionnaire : dénonciation qui existe et qui est écrite de sa propre main, sur les registres.

Or, d'après ces faits, et dont il ne saurait en désavouer un seul, il est constant que Gautret est infiniment plus Terroriste qu'aucun de ceux qu'il poursuit.

D'où vient donc qu'aujourd'hui il chante si fort la palinodie? qu'il se permet, au mépris de la Loi du..........
dernier, de mettre en liberté tous les Brigands pris les armes à la main, et même ceux qui sont convaincus d'avoir assassiné nos Frères d'armes? C'est que Delaunay l'a perverti; c'est qu'il a été trompé sur le résultat des opérations de ce Représentant: et voilà comme on corrompt l'esprit public; voilà comme on parvient à alimenter la guerre civile.

Macé-Desbois, Directeur du Juré, aime tous les Gouvernemens possibles, pourvu qu'on ne trouble pas son repos; incapable de faire du mal, s'il n'y est poussé; propre à faire le bien, si on le lui suggère; Caméléon dans toute la force du terme; il n'était pas propre pour la place qu'il occupe, dans un moment où toutes les passions sont en jeu, dans une Ville où le Royalisme domine, et dans un Département où la moitié de la population, au moins, est rebelle au Loix de la République.

L'empire que Chedevergne a pris sur son esprit, démontre la faiblesse de son caractère; l'affectation qu'il a mise à me priver de la qualité de Citoyen, avant que de s'être assuré si je méritais cette ignominie; le refus qu'il a fait de recevoir mes moyens de nullité contre la procédure de Mijonnet, et de suspicion contre le Tribunal; celui de s'être refusé à m'admettre à la rédaction de l'acte d'accusation contre les Prévenus que j'avais dénoncés, sont des preuves frappantes que le Directeur du Juré agissait par des impulsions étrangères, ou qu'il n'était pas expert dans le métier qu'on veut lui faire exercer. Qui pourrait encore attaquer la récu-

sation que j'ai faite contre lui , quand elle est autorisée
et légitimée par des motifs aussi puissans ? En effet ,
serait-il juste et raisonnable que mon honneur , ma
vie et ma fortune fussent à la discrétion d'un homme
versatil , qu'on peut si facilement déterminer à enfreindre
les dispositions des Loix ?

Le Commissaire National, Chedevergne, n'est pas le con-
servateur des Loix ; il est l'agent des Royalistes. Vous
savez tous, Citoyens Jurés , qu'il a été et est encore
le défenseur officieux des veuves et des enfans des *émigrés et des frères égarés ;* vous savez encore que la cause
de son incarcération par le Comité Révolutionnaire , avait
été son attachement à cette caste d'ennemis publics ,
connue aujourd'hui sous le nom de *Chevaliers à bâtons
noirs* , et de redingotes à victimes , qui insultent le jour
les Patriotes, et assassinent la nuit ceux des campagnes.
Comment donc cet homme ose-t-il remplir le ministère
important dont Delaunay l'a injustement honoré , quand
son âge , son caractère , tout e fin tend à prouver qu'il
est loin de pratiquer cette philosophie humaine qui sacrifie généreusement ses passions à la justice ? La conduite
qu'il a d'ailleurs tenue dans cette affaire , n'est pas rassu-
rante pour les Prévenus. Tout est marqué au coin de la
vengeance. N'est-il pas extraordinaire qu'un homme qui
prétend avoir été victime , puisse être chargé de faire
observer les Loix contre ceux qui sont prévenus d'avoir
été les auteurs de ses disgrâces ?

Quant aux trois autres Juges , je vais m'expliquer clai-
rement sur leur compte. Le premier , qui est le Citoyen
Paitrineau , est trop honnête homme pour ne pas se récuser ; par la seule raison qu'il était Membre du Départe-

ment dont on poursuit la vengeance. Je ne connais pas
le Citoyen Testard ; on le dit Patriote ; mais il était Commis-Greffier ; et vous savez l'ascendant que les anciens
Juges , aux ordres desquels sont toujours les Commis-
Greffiers , conservent sur leurs esprits , lorsqu'ils devien-
nent leurs égaux. A l'égard du Citoyen Danger , vous
savez qu'il est cousin-germain de Delaunay , ancien Commis du Département , et Chevalier du bâton noir. Ces trois
qualités me dispensent d'en chercher d'autres , pour
avoir le droit de le récuser. On répondra sans doute ,
qu'en admettant mes moyens de suspicion pour valables ;
les Suppléans peuvent et doivent remplacer ceux que je
récuse ; mais un seul mot suffit pour rendre cette pro-
position récusable. Comment aurait-on l'impudence de
me proposer pour Juges des Suppléans dont les actes
contre-révolutionnaires méritent l'exécration de tous les
Républicains ?

Un de ces Suppléans a été Procureur de la Commune
royale que les Brigands établirent à Angers , le 13 Juin ;
époque à laquelle les Administrateurs du Département
avaient criminellement déserté leur poste depuis six jours.
Il a siégé sur les fleurs-de-lys , et signé des actes au nom
de Louis XVII. L'autre était le bas valet de l'ex-noble
Dieusie , alors Président du Département , et dont le fils
est à la tête des Chouans de Segré ; il a été , en outre ,
homme d'affaires d'un autre ex-noble , nommé Turpin ,
oncle de Dieusie , et qui , comme son neveu , est si fortement attaché à la cause des Chouans , qu'ils ont livré ,
il n'y a pas huit jours , ce chef-lieu de District aux Rebelles. De tels Juges ne peuvent sans doute pas être pro-
posés à un Républicain , après l'heureuse Révolution du 9
Thermidor.

Voilà, Citoyens Jurés, les motifs irrécusables qui m'ont déterminé à ne pas reconnaître le Tribunal organisé par Delaunay. Je leur ai adressé à ce sujet la pétition suivante : (1)

---

(1) Aux Juges du Tribunal du District d'Angers.

Jean-Antoine Vial, Citoyen de la Commune d'Angers, détenu dans la Maison de Justice d'Angers,

Vous expose, qu'au mépris des nullités dont fourmille la procédure que le Juge-de-Paix Mijonnet a instruite contre lui, et des suspicions irrécusables que l'Exposant a contre les Membres qui composent le Tribunal, vous vous permettiez de prendre connaissance de cette affaire ; qu'il est d'autant plus surprenant que vous ne vous soyez pas abstenus de cette affaire, que c'est une résistance à la volonté légitime de la Convention Nationale, qui, effrayée des vexations atroces que le Royalisme, qui réagit avec violence, appesantit sur la tête des Patriotes de 1789, vient de décréter, le 6 Thermidor, qu'il serait nommé une Commission dans son sein, pour prononcer quels seraient les Détenus susceptibles d'être traduits devant les Tribunaux ;

Que cette envie démesurée de juger, décèle suffisamment les vues perfides de ceux des Juges qui cherchent à assouvir des haines particulières. Et qui serait assez osé pour révoquer en doute la vengeance du meneur Chedevergne, Commissaire National, qui veut frapper ceux du Comité Révolutionnaire qui l'ont fait incarcérer comme suspect ? Pourrait-on encore méconnaître les intentions dangereuses de Mijonnet, quand on réfléchit que sa mère et ses deux sœurs ont été incarcérées comme faisant partie de la révolte de Rochefort ? quand on réfléchit encore qu'on a dénoncé ceux qui l'ont arbitrairement nommé à la place de Juge-de-Paix ?

Que le temps n'étant pas éloigné, que tous les Fonctionnaires publics *éphémères* vont, pour le bonheur du Peuple, disparaître comme toutes les autres *monstruosités révolutionnaires* ; mais qu'en attendant cette désirable époque, l'Exposant croit devoir se prémunir contre ceux qui sont auteurs, fauteurs et complices de l'opposition que j'éprouve : pour quoi il vient vous demander acte,

1°. Des réserves qu'il fait de tous ses droits, noms et actions, contre Gautret, Accusateur Public, et Mijonnet, Juge-de-Paix, de la Com-

Mais comme les malveillans pourraient dire que mes motifs ne tendaient qu'à éluder la question, je dois à vous, au Peuple, à moi-même, de les faire connaître,

---

mune d'Angers, relativement à la procédure qu'ils ont tenue à l'encontre de l'Exposant, et notamment de la soustraction des pièces qu'ils ont faite, de la dénonciation civique à eux remise par l'Exposant, le vingt-neuf Germinal, et des actes et procédures au soutien de cette dénonciation, dans les criminelles vues de soustraire de grands coupables au glaive de la Loi, et de rendre des innocens coupables ;

2°. De ce que le Directeur du Juré a refusé de recevoir les moyens de nullité que l'Exposant avait à proposer contre la procédure tenue par Gautret et Mijonnet, et ceux de suspicion qu'il avait à proposer contre le Tribunal ; et de lui communiquer les pièces de la procédure, pour convenir de l'acte d'accusation contre les Prévenus, conformément à la Loi ;

3°. De ce qu'il employe, pour suppléer à tout ce que dessus, trois pièces jointes à la présente pétition. La première est une Brochure intitulée : Discours prononcé à la Société Populaire d'Angers, contenant trois cens dix-neuf pages d'impression, les pièces justificatives comprises ; la seconde : Causes de la guerre de la Vendée et des Chouans, et l'Amnistie manquée, contenant deux cens vingt-trois pages d'impression, le Certificat de Civisme de l'Exposant compris ; et la troisième : Des Affiches d'Angers, du douze Thermidor, contenant le Décret du six dudit mois, relatif aux Détenus ; le tout coté et paraphé par première et dernière pages, par l'Exposant ;

Et vu ce qui résulte des faits contenus auxdites pièces, que les Fonctionnaires publics nommés par le Représentant du Peuple, Pierre-Marie Delaunay, n'ont pris en aucune considération ; l'Exposant, pour la conservation de tous ses droits, noms et actions, tant ordinaires qu'extraordinaires, réitère ses protestations contre tous qu'il appartiendra de droit, pour tout ce qui a été fait et qui pourra l'être dans la suite ; et est résolu d'intimer et prendre à partie les auteurs, fauteurs et complices d'abus d'autorité, contravention aux Loix, prévarication, complot et conjuration contre les Patriotes. Fait à Angers, ce vingt-trois Thermidor, l'an trois de la République Française, une et indivisible, et de la mort du Tyran. *Signé*, J. A. V i a l.

ne fût-ce que pour instruire la Convention des dangers auxquels elle expose les Patriotes qu'on livre aux Tribunaux du jour.

Le Juge-de-Paix, *Mijonnet*, qui ne doit pas sa place à la nomination du Peuple, est le fils et le frère de Brigands de Rochefort, incarcérés par le Comité Révolutionnaire d'Angers. Si cet homme eût eu l'ombre de délicatesse, il ne se fût pas chargé de l'instruction d'une affaire qui, par sa nature, lui donne la faculté de se venger de plusieurs Prévenus. Mais *Mijonnet*, étranger à ce sentiment, n'a au contraire, que trop prouvé, par la manière dont il a instruit cette procédure, qu'il avait voué une haine implacable à ces Prévenus. Il a prouvé en outre, qu'il partageait les principes de sa mère et de ses sœurs, puisqu'il n'a pas craint d'abuser de fonctions augustes, au point de provoquer à la Royauté. C'est ce qu'on ne pourrait croire, si je ne le prouvais par le fait suivant : « Un Gendarme, traduit » devant Mijonnet ; un individu qui, publiquement » avait crié *Vive le Roi !* Eh bien ! qu'advint-il de » cette terrible inculpation ? Le généreux Mijonnet rend » à la liberté le Royaliste crieur ; accueille assez mal » le Gendarme, et le sermonne sur la chaleur et l'énergie » de son Patriotisme » ; que dis-je ? il ne se borne pas à une remontrance ; peu de jours après, il fait incarcérer, comme Terroristes, ce même Gendarme, ainsi qu'un Tambour - Major, un garçon Imprimeur et un Vitrier. Ce n'est pas tout. L'Agent Militaire, prenant connaissance de l'affaire des deux Militaires, s'empresse de les élargir. Que fait *Mijonnet*, étayé du souverain *Delaunay ?* Il les fait réincarcérer, et les livre au Tribunal du District, qui, après trois mois de prison, les renvoie à la Police Municipale. Arrivés là , ils n'y trouvent qu'un seul Patriote , qu'un seul Défenseur (le Citoyen Turpin ,) qui , par la force de ses raisonne- mens , força , pour ainsi dire , ses Collègues de souscrire le Jugement qui suit : (1) D'après ce Jugement , Citoyens

---

(1) *Extrait du Registre du Greffe du Tribunal de la Police Municipale de la Commune d'Angers.*

Le 8 Messidor , l'an 3 de la République Française , une et indivisible , en l'audience tenue publiquement et extraordinairement par le Tribunal de la Police Municipale d'Angers , en son Auditoire ordinaire , a été rendu le Jugement qui suit :

Entre l'Agent National de la Commune d'Angers , Demandeur contre les Citoyens Vaillant ; Charles Davril , Vitrier , en cette Commune ; Alexandre Julien , dit Lindor , Américain , Tambour-Major au Bataillon de la Loire-Inférieure ; et Michel-René Gilot , Gendarme de la Brigade de Cholet , actuellement stationné à Angers :

Vu la procédure et instruction criminelle faite par le Juge-de-Paix du second arrondissement de cette Commune , par laquelle il paraît que les Défendeurs étaient prévenus d'être du nombre de ceux qui avaient excité du tumulte , le 13 Germinal dernier , dans la Salle de Spectacle , en cette Commune , en s'opposant à ce que la chanson du *Réveil du Peuple* fût chantée , et en insistant à demander qu'on y substituât celle qui commence par ces mots , *Quels accens ! quels transports !* ce qui occasionna un mouvement , par une minorité de Spectateurs , qui sem- blait déceler son attachement au terrorisme , pour lequel *le Réveil du Peuple* inspire la plus grande horreur , et que le Juge-de-Paix a considéré être une suite du projet infâme qu'avaient conçu et tenté d'exécuter , le 12 Germinal dernier , les partisans de la tyrannie de Robespierre.

Lecture faite du Jugement du Tribunal du District d'Angers , du 6 de ce mois , rendu sur le Référé du Directeur du Jury , de l'affaire dont il s'agit ; par lequel Jugement il a été décidé qu'il n'y avait pas lieu à soumettre au Jury l'accusation portée contre les Défendeurs ; mais que le délit dont ils sont prévenus , se trouvant classé parmi ceux de Police Municipale , il y avait lieu de les y renvoyer.

Les Accusés et le Substitut de l'Agent National , entendus ; au moyen

Jurés, vous voyez que le Juge-de-Paix *Mijonnet* a
contrevenu aux Art. XVII et XVIII du Titre V de la
Loi de Police et de Sûreté, qui défendent des mandats

---

de ce qu'il n'est pas prouvé au procès, que Vaillant fût un de ceux qui
ont excité le tumulte qui a éclaté dans la Salle de Spectacle de cette
Commune, le 13 Germinal dernier, auquel il paraît au contraire n'avoir
eu aucune part ; qu'il est seulement prouvé qu'il a imprimé la chanson
Quels accens ! quels transports ! et l'Hymne des Marseillois, et a concouru
à les distribuer ; le Tribunal, considérant que, par ce fait, ledit Vaillant
s'est seulement rendu coupable d'avoir implicitement et d'une manière
indirecte, concouru, le 13 Germinal, à empêcher au Spectacle le chant
du *Réveil du Peuple*, composé pour inspirer la juste horreur que l'on
doit avoir de tous les partisans de Robespierre, qui ont exercé le terrorisme : le Tribunal l'a mis en liberté, et lui a enjoint d'être plus circons-
pect à l'avenir.

Et au moyen de ce qu'il est prouvé au procès, que Davril, Julien,
dit Lindor, et Gilot, ont pris part dans le trouble qui a éclaté au Spectacle ledit jour 13 Germinal dernier, et que même ils ont été, en partie,
les principaux auteurs et instigateurs de ce trouble, en s'opposant au
chant du *Réveil du Peuple*, et en insistant à demander qu'on y substituât
la chanson *Quels accens !* le Tribunal les a condamnés à huit jours de
détention ; et cependant, attendu qu'ils sont en arrestation depuis long-
temps, le Tribunal, par grâce, et sans tirer à conséquence, a ordonné
qu'ils seraient de suite mis en liberté ; et leur a enjoint d'être plus cir-
conspects à l'avenir, sous plus grande peine.

Ainsi prononcé par nous Turpin, Follenfant et Bardoul, Officiers
Municipaux composant le Tribunal de la Police Municipale de la Commune d'Angers, sur le résultat de nos opinions, donné à haute voix,
après avoir entendu le Substitut de l'Agent National de la Commune ;
et prononcé par moi Turpin, Président, en l'Audience tenue publiquement et extraordinairement au Prétoire dudit Tribunal, ledit jour 8
Messidor, l'an 3 Républicain.

Le Registre est signé : *Turpin ; Follenfant ; Bardoul ; et Muguet,*
Commis-Greffier.

Pour expédition conforme au Registre délivré par moi Greffier soussigné.
Muguet, le jeune, Commis Greffier de Police.

d'arrêt

d'arrêt contre les Prévenus, dont le délit n'entraîne pas peine afflictive ou infamante. Mais ce qui prouve sans réplique, que Mijonnet est un Royaliste effréné, un ennemi déclaré de tout Républicain ; c'est le motif qui le porta à faire arrêter le Gendarme ; c'est enfin l'acharnement qu'il mit à la réincarcération des deux Militaires, par cela seul qu'ils étaient Patriotes, en dépit de leur Juge naturel, qui n'avait pu se dispenser de les mettre en liberté.

Mijonnet est donc un homme injuste, haineux, méprisable, contre-Révolutionnaire, qu'il faut au moins frapper d'infamie, et le contraindre à indemniser les quatre Républicains qu'il opprima, en abusant des pouvoirs que lui délégua *le Souverain Delaunay.*

Indépendamment des moyens de nullité dont la procédure de Mijonnet est infectée ; indépendamment de ce que cet Officier public, conjointement avec l'Accusateur Public, Gautret, a soustrait les pièces que je leur avais remises, contre les Terroristes Royaux ; indépendamment de ce que nombre d'Officiers publics, nommés par Delaunay, sont eux-mêmes des Terroristes effrénés ; indépendamment de ce que la plûpart des Juges qui composent les Tribunaux Civils et Criminels, sont mes parties ; ces Juges, ni vous-mêmes, Citoyens Jurés, ne peuvent pas prendre connaissance de cette affaire, puisque la Convention Nationale, par un Décret du 6 Thermidor, a institué Juré d'Accusation, un Comité composé de Membres pris dans son sein, qui décideraient ceux des Prévenus de terrorisme, qui seraient susceptibles d'être mis en jugement. Or, ce Décret a formellement décidé que les Jurés d'Accusation ne pourraient plus connaître des affaires de cette nature ; puisque, s'il en était autrement , cette Loi serait tout-à-fait illusoire.

Ce serait bien spécieux de dire que cette Loi ne peut pas arrêter la procédure sur laquelle on vous propose de prononcer, parce qu'elle n'est pas parvenue officiellement ! car le Commissaire National provisoire , *Chedevergne* , doit se rappeller que , dans pareille circonstance , il obtint de la Commission Militaire d'Angers , un sursis dans l'affaire des Fédéralistes. Et d'ailleurs , ce serait au-dessous de la dignité d'un Tribunal, de précipiter un Jugement , lorsqu'il est convaincu de l'existence de la Loi qu'on lui oppose ; sur-tout lorsque , comme dans le cas présent, les Juges sont récusés pour fait de suspicion.

Je ne dois pas , Citoyens Jurés , vous dissimuler que la précipitation qu'on met dans ce moment à cette affaire , après m'avoir laissé gémir trois mois dans les prisons, et après avoir cherché à émeuter le Peuple contre moi, en me faisant promener trois fois dans les rues, par des translations que les Loix réprouvent ; tient aux manœuvres que la réaction Royaliste exerce contre les Patriotes ; car Delaunay vient de surprendre au Comité de Sûreté Générale , un arrêté qui , sans avoir égard à ma dénonciation , ordonne au Tribunal de passer outre sur ma récusation. Voici la dénonciation (1) :

---

(1)   Angers, 6 Messidor, an 3 de la République.

Aux Comités de Salut Public et de Sûreté Générale.

REPRÉSENTANS,

Il appartient à celui qui , le premier, a dénoncé les agens que la faction conspiratrice avait dans ce Pays, de vous instruire de tout ce qui se passe aujourd'hui ; parce qu'on trompe encore la Convention. On vous a d'abord dit que les guerres des Vendéens et des Chouans étaient

Vous venez de voir, Citoyens Jurés, que je n'ai point
demandé au Comité de Sûreté Générale de statuer sur

finies. On vous a dit ensuite qu'il ne restait plus que quelques scélérats
que les Vendéens et les Chouans désavouent. On vous a dénoncé après
la perfidie de quelques Chefs de Brigands. On vous dit aujourd'hui que
l'amnistie a eu son plein et entier effet dans la Vendée, et qu'il n'y a
que quelques Chouans à combattre. Hé bien ! tous ces faits sont non-
seulement faux ; mais il n'est même pas possible, si les choses restent
dans l'état où elles sont, que les malheurs qui nous accablent, finissent.
Je viens vous assurer au contraire, que les ennemis de la Chose publique
n'ont jamais été dans une aussi bonne position, pour arriver au but qu'ils
poursuivent depuis trois ans.

Je crois avoir démontré toutes ces fâcheuses vérités, par le petit ouvrage
que je vous fais passer ; et, dussé-je perdre la tête que vous avez arrachée
des mains des vrais Terroristes, le 9 Thermidor, je vous dirai la vérité.
L'oppression que les Royalistes me font éprouver dans ce moment, au
nom du Peuple qu'on trompe, et de la Justice et de l'Humanité qu'on
outrage, ne rallentira point mon zèle.

Le sage Décret d'amnistie, qui avait justement valu à la Convention
Nationale dés sentimens de reconnaissance de la part de tous les vrais
Républicains, a été violé dans tous ses points, non pas seulement par
les Chefs des Brigands, comme on veut le faire croire aujourd'hui à la
Convention et au Peuple ; mais encore par ceux qui avaient été chargés
de son exécution. Je viens vous dénoncer celui que je connais parmi
eux, et dont j'ai plus particulièrement suivi les opérations.

On a bien connu les conditions déshonorantes qu'on a faites à Nantes,
avec les Rebelles, en contravention de la Loi d'amnistie ; mais on a
ignoré les pactes secrets, et dont l'exécution conduit à grands pas à la
contre-Révolution. Je vais, Citoyens Représentans, mettre sous vos
yeux quelques faits qui indiqueront d'une manière à ne pouvoir s'y
méprendre, des conditions secrètes, dont bien certainement la Convention n'a pas connaissance ; afin que vous puissiez juger la conduite
de ceux qui les ont souscrites et souffertes.

Si, lorsqu'on traite de Puissance à Puissance, l'ennemi vaincu est
obligé de mettre bas les armes, à combien plus forte raison des Rebelles
à qui la Nation pardonnait, devaient-ils être obligés de les remettre,

C 2

ma demande en récusation ; cependant, Delaunay l'a fait juger par ce Comité qui, pour la première fois ,

---

Cependant les Représentans *Amnistiens* , bien loin d'avoir exigé cette remise , ainsi que la Loi le prescrivait , ils ont permis que les Rebelles désarmassent les Républicains des campagnes ; ils ne leur ont laissé pas un seul fusil , pas un seul sabre , ni une seule cartouche. Voilà le premier article secret du traité.

Ce premier article ainsi exécuté , celui qui va suivre en a été une suite nécessaire. La Police , non pas celle décrétée par la Convention , mais celle que les Brigands ont établie dans les Pays insurgés , exigeait une Force armée ; il était naturel que cette Force fût prise parmi ceux qui ont dicté des Loix à la République. Aussi les Représentans ont non-seulement consenti à ce second article secret , mais ils ont encore , d'un côté , refusé des armes et des munitions de guerre aux Républicains ; et de l'autre , ils ont fait faire des défenses sévères aux troupes de ligne , de s'opposer en manière quelconque , à aucuns des excès que les Brigands pourraient commettre , et qu'ils ont commis.

Il est vrai que les Représentans du Peuple eurent l'attention , en souscrivant un article aussi contraire aux intérêts de la République , d'y ajouter que cette Force *Brigantine* serait sous les ordres des Autorités Constituées. Mais cette condition a donné lieu à une troisième mesure encore plus extraordinaire , qui a été pleinement exécutée , ainsi que je vais vous le démontrer.

Cette mesure consistait à ce qu'on rendrait aux Brigands les Fonctionnaires publics élus en 1792 ; (vieux style.) c'est-à-dire , ceux qui les avaient si bien servis lors de l'insurrection. *Delaunay* s'est surpassé dans son exécution , en régénérant les Autorités Constituées. Il a rétabli dans le Directoire du Département , les mêmes individus qui , le 26 Juillet 1792 , disaient au Peuple dans une Proclamation : *Que le Gouvernement Républicain était extravagant, digne de mépris et de pitié , s'il ne soulevait pas contre ses inventeurs la haïne et l'indignation de tous les gens de bien :* les mêmes qui , le 22 Mars 1793 , m'envoyèrent un Commissaire à Chalonnes , qui voulait , en ma qualité de Maire , me faire capituler avec les Brigands ; les mêmes , enfin , qui , le 13 Juin suivant , forcèrent les braves Angevins d'abandonner lâchement leurs foyers aux Rebelles qui ne vinrent que six jours après.

s'est mêlé d'affaires judiciaires. D'où vient ce renversement des règles, et ce mépris des principes ? C'est que

---

Dans les Districts, dans les Municipalités, dans les Tribunaux, dans les Justices-de-Paix, il y a mis des hommes dont la plùpart *ont porté la cocarde blanche ; crié vive le Roi ! siégé sur les fleurs-de-lys, et exercé des fonctions contre-révolutionnaires créées par les Brigands.* Vous voyez donc, Citoyens Représentans, que *Delaunay* a servi les Rebelles à souhait.

Enfin, une quatrième mesure déchire tout-à-fait le voile. Les Brigands ont le droit de nommer des Commissaires dans les Pays insurgés, pour régir les biens des Patriotes réfugiés, qu'ils appellent *émigrés.* Voici, en effet, ce qu'un de mes Fermiers vient de m'apporter, par ordre d'un de ces Commissaires.

« MM. les Commissaires de Chalonnes procureront au Sieur Quesson (Ce Quesson est Adjudant-Général des Brigands.) » une maison où il » puisse résider aux environs de Chalonnes, ou ailleurs, avec un petit » domaine à nourrir deux vaches, ainsi que du foin pour un couple » de chevaux, dans la vallée de Chalonnes, *des prés qui sont à leur* » *administration.* A Morozière, le 20 Juin 1795. *Signé,* Stofflet. »

J'ai fait déposer cette pièce importante en l'étude d'un Notaire ; et vous en envoye une expédition, afin que vous puissiez assurer à la Convention, que mes biens ne sont plus sous l'obéissance de la République, mais bien sous celle du *Roi Stofflet.* Je dois pourtant vous observer que votre Collègue Delaunay a adjoint aux Commissaires Brigands un Juge-de-Paix nommé Bellanger, cousin-germain des deux Martins, de la Pommeraye, Chefs des Rebelles, les mêmes que ce Représentant a gorgés d'or et d'assignats, et qui décide dans ce moment, en faveur des Rebelles, les torts que les Républicains ont eus de prendre les armes contre ces honnêtes gens. Voilà, Citoyens Représentans, comme on a rétabli la paix, éteint les passions, et renoué les liaisons sociales. Je vais maintenant vous entretenir de ces suites.

La contre-Révolution, ainsi organisée, les Brigands Vendéens ou Chouans ont intercepté toutes les subsistances, obstrué toute circulation, assassiné ou volé toutes les Municipalités Patriotes et les Républicains prononcés ; recruté de force ou de bonne volonté les jeunes gens des campagnes ; fait payer les Acquéreurs Domaines Nationaux, ou Fermiers des Émigrés ; enlevé tous les chevaux et jusqu'aux bœufs des char-

Delaunay a cru jetter un voile sur la conduite qu'il a
tenue au sujet de l'amnistie, en attendant de l'ensevelir

---

rues. Ces Rebelles ont été reçus dans les Villes, quoique sans cocardes,
et quelquefois avec des signes contre-révolutionnaires. Avec l'or et les
assignats qu'on leur avait donnés, ou qu'ils avaient volés aux Patriotes,
ils se sont approvisionnés de tout ce qu'ils manquaient ; les lâches Royalistes qui étaient restés dans les Villes, ont levé la crête, se sont réunis
à eux pour insulter les Républicains ; s'il était encore resté assez de
courage à quelques Patriotes, pour repousser l'outrage, sur-le-champ
ils étaient incarcérés comme *Terroristes* ; si les Patriotes amenaient des
Brigands, ces Brigands étaient sur-le-champ mis en liberté ; il en est
même qui ont eu l'impudence d'aller proposer à un Graveur de lui faire
faire un cachet aux trois fleurs-de-lys : en un mot, ces fiers Républicains
qui, le 14 Frimaire, repoussèrent quatre-vingt mille de ces coquins,
sous les remparts d'Angers, sont avilis, diffamés, et le moindre des
outrages qui leur ait été fait, c'est de s'être entendu dire par *Delaunay*
et par les *Officiers publics qu'il a nommés : Vous êtes trop énergiques ;
il ne faut pas être aussi bons Patriotes.* Et voilà comme on s'y prend
pour forcer le Peuple à demander un Roi.

C'est pour vous aller dénoncer toutes ces horreurs, que, le 20 Floréal,
je me présentai à la Maison Commune, pour obtenir un passe-port pour
me rendre à Paris. J'y trouvai la pièce que voici : « Mijonnet, Juge-
» de-Paix, donne avis aux Membres composant le Conseil-Général de
» la Commune d'Angers, qu'il est instruit que le Citoyen Vial se dispose
» à faire un voyage pour Paris ; et comme le Citoyen Vial a des décla-
» rations importantes à faire dans l'affaire des *Terroristes*, dont je suis
» chargé de l'instruction, pour que vous ayez à ne pas lui donner de
» passe-port. A Angers, le 3 Floréal, l'an 3. *Signé*, Mijonnet. »

Les prétendues instructions que j'avais à donner, aboutirent à m'incarcérer moi-même comme Terroriste ; mais, en réalité, c'était pour m'empêcher de me rendre auprès de vous, pour vous dénoncer *Delaunay*.
Aussi, ce digne Représentant qui était l'auteur de cette atrocité, crut
devoir prévenir la Convention contre moi, en lui écrivant, le 6 Prairial :
*Déjà les Terroristes osaient lever la tête ; mais ils ont été arrêtés de
nouveau.* Mais il s'est bien gardé de dire que ce prétendu Terroriste n'avait
été originairement incarcéré que par de véritables Terroristes, *Francastel,*

tout-à-fait par un Jugement flétrissant, que les Juges
par lui nommés n'auraient pas manqué de rendre contre

Hentz et *Bourbotte*. Il s'est bien gardé de dire que c'était la Convention
qui avait arraché sa tête, le 9 Thermidor, des mains de ces cannibales.
Il s'est bien gardé de dire que je n'étais devenu Terroriste que depuis
qu'il a su que je voulais vous instruire de sa conduite. Vous voyez,
Citoyens Représentans, que *Delaunay* se sert de la qualité insignifiante
de Terroriste, comme *Robespierre* se servait de celle de *Fédéraliste*,
pour faire assassiner les véritables amis de la République. Que de réflexions cette idée ne présente-t-elle pas ? Mais en voilà assez pour moi ;
il faut songer à l'intérêt général.

En me résumant, je vous dirai donc, Citoyens Représentans, qu'on
en a imposé et on en impose encore à la Convention, lorsqu'on l'assure
que la guerre de la Vendée est finie, et que celle des Chouans n'est pas
redoutable. Je vous assure, sur ma tête, que des trois Districts de ce
Département, qui sont sur la rive gauche de la Loire, il n'y a que les
Administrateurs de celui de Cholet, qui sont à leur poste, parce que
le Quartier-Général y est établi ; mais que les Habitans ne peuvent pas
sortir des limites de la Garnison, sans être assassinés. Que le drapeau
blanc flotte encore, et la cocarde blanche est encore arborée dans ce
Pays. Que les Réfugiés de ces contrées sont encore à Angers, ou dans
ses environs assiégés par la famine ; tandis que les Rebelles consommaient
les grains de leurs possessions. Que, sur la rive droite de la Loire, qui
est le Pays des Chouans, la condition des Républicains est encore pire.
Que toutes les Troupes de la République manquent de pain, et qu'il en
passe beaucoup avec les Rebelles. Que la misère et le désespoir ont
tout-à-fait anéanti l'esprit public et le courage de ces fiers Républicains
qui, depuis trois ans, ont combattu pour la Patrie, sacrifié leur fortune, et dont la plûpart ont leurs pères, leurs mères et leurs enfans
à pleurer. Que les Nobles, les Prêtres, les égoïstes et les voleurs publics
insultent à la misère publique. Qu'enfin tout est perdu, si on suit le
système d'exécution qui a été adopté par la Loi d'amnistie, Loi sage,
bien vue, et de laquelle on peut tirer le plus grand avantage, en suivant
les conditions qu'elle renferme.

L'Ouvrage que je vous remets, je suis persuadé que, malgré qu'il
ait été excessivement négligé, vu l'oppression dans laquelle je gémis,

moi, sur les dépositions des Brigands que Delaunay a
comblé de grâces et de bienfaits, aux dépens de la Nation, et en contravention de la Loi d'amnistie.

---

vous trouverez que je connais ces malheureuses affaires, et que je puis
vous donner des renseignemens utiles. Vous y remarquerez sur-tout
qu'aucun intérêt ne dirige mes démarches, et que mon seul et unique
but est celui du Bien public. C'est sous ce point de vue que je viens
vous demander de m'entendre en présence de *Delaunay*. L'intérêt général
le commande, et me fait espérer cette grâce de votre justice. Mais si
vous vous déterminez à me rendre auprès de vous, je vous prie d'or-
donner qu'il me sera donné une escorte jusqu'à Tours; parce que,
sans elle, je suis sûr d'être assassiné en route par les Rebelles. La vie
n'est rien pour moi; mais j'ose me flatter qu'elle est encore nécessaire
à la République. *Signé*, J. A. V I A L.

Angers, 17 Messidor, l'an 3 de la République
Française, une et indivisible.

*Aux Républicains composant les Comités de Salut Public et de Sûreté
Générale.*

R E P R É S E N T A N S,

Depuis ma dernière Lettre, il m'est parvenu que votre Collègue
Delaunay se défendait à Paris, des mesures contre-révolutionnaires qui
ont été prises en exécution de la Loi d'amnistie. Je crois devoir vous
instruire de tout ce que je sais à cet égard, afin que votre religion
ne soit pas surprise.

J'ai connaissance, 1°. que, dans une séance de la Société Populaire
d'Angers, et dans un Conseil-Général de cette Commune, les Collègues
amnistiens de Delaunay, déclarèrent : *Que le Peuple Angevin ne leur
devait aucune reconnaissance : que c'était Delaunay seul qui avait tout
fait, et qu'ils n'avaient eu que la peine de signer.*

2°. Que c'est Delaunay seul qui a injustement destitué Pelletier,
Juge-de-Paix de Chalonnes, qui avait la confiance du Public, pour
donner cette place à Bellanger, cousin-germain de deux Chefs de Brigands ; lequel agit si bien dans le sens de Stofflet, de Bernier qui
prend la qualité de Grand Juge, qu'il vient de condamner un Fer-

Il n'est aucun de vous, Citoyens Jurés, qui n'ait connaissance de tous les faits contenus dans ma Lettre au

————————————————————————————————

mier d'un Réfugié, à six livres d'amende, pour avoir mis ses bestiaux
dans un pré dépendant de sa ferme, sous prétexte que ce pré était à
la convenance d'un Rebelle.

3°. Que c'est Delaunay qui a donné des pouvoirs à un nommé
Trottouin, cousin-germain d'un Brigand de ce nom, à qui le Représentant a donné 36,000 livres de numéraire et 60,000 livres en assignats, à l'effet de voyager dans la chouannerie ; (on ignore pourquoi)
mais qui, en vertu de ces pouvoirs, a fait élargir plusieurs Chefs de
Brigands.

4°. Qu'on a trouvé sur *Demaulne, Chef de Chouans*, et *Lacroix,
Curé de Bécon, Payeur-Général de l'Armée des Rebelles*, qui ont été
arrêtés la nuit dernière, des passe-ports signés P. M. Delaunay, par
lesquels il est permis à ces Rebelles de voyager où bon leur semblerait.

5°. Que le Représentant Delaunay a mis dans les Autorités constituées
de Cholet, son cousin-germain, nommé Esnault, homme d'affaires du
ci-devant Marquis de Maulévrier, qui a été dans un des Comités contre-
Révolutionnaires de la Vendée ; qu'il a nommé dans les mêmes Autorités,
un autre contre-révolutionnaire, nommé Bourrasseau-la-Renaudière, qui
avait été Administrateur du Département de Maine et Loire, du temps
que Delaunay en était le Procureur-Général-Syndic, et qui passa avec
les Rebelles, en 1792.

6°. Que, lorsque ce Représentant trouve à propos de me faire trans-
férer de la Citadelle dans la Maison de Justice, où je suis, il fit partir
quinze à vingt Brigands pour Saumur, parmi lesquels était le ci-devant
Comte de Beaurepaire, Chef de Brigands ; desquels Brigands la plûpart
sont échappés, ou ont été mis en liberté.

7°. Que cinq assassins, arrêtés et convaincus, ont aussi été élargis
par le Représentant Delaunay, parce que le hasard voulut que l'Imprimeur Mame et ses deux enfans tombassent dans les mains des Rebelles,
immédiatement après l'arrestation de ces assassins : évènement qui décida
l'échange de cinq pour trois.

8°. Que ce Représentant reçoit journellement, à Paris, la femme
d'Autichamp, mère d'un Brigand qui s'est glissé dans les Troupes
de la République, belle-sœur de d'Autichamp qui est avec Condé : qu'il

Comité de Sûreté Générale. Voici comme Delaunay y a répondu , et comme il a surpris le Comité de Sûreté Générale, pour me livrer à ses Frères égarés. Il y a dit, en présence de mon fils : *Vial est un imposteur, un intrigant reconnu pour tel par tous les bons Citoyens de mon Département. Il m'a dénoncé, parce que je ne l'ai pas nommé Procureur-Général-Syndic. Pouvais-je donner une place aussi importante à un homme qui avait servi le régime de Robespierre ; qui avait été son agent, conjointement avec les Ronsin , Momoro , et autres Décemvirs ? Il est faux que je l'aye fait incarcérer. Voici les pièces qui prouvent qu'il est impliqué dans l'affaire des scélérats qui ont fait le malheur de mon Pays.* Il a ensuite présenté la procédure instruite par son protégé Mijonnet ; et , après en avoir donné lecture , il a ajouté : *Je m'engage à prouver que Vial est un imposteur.*

------

reçoit aussi les deux Martins , de la Pommeraye, qui ont été gorgés d'or et d'assignats par Delaunay , et qui logent rue des Quatre Fils, au Marais, chez le ci-devant Seigneur de Montjean, qui a cinq enfans Émigrés , lequel était Capitaine des Gardes du Tyran , qui avait fait entrer , en 1791 , le cadet de ces Martins dans la nouvelle Garde de Capet , et qui , après s'être distingué dans l'affaire des Chevaliers du Poignard , fut fait Gendarme par les Administrateurs que Delaunay vient de réintégrer , et passa avec les Brigands , au mois de Mars 1793 : qu'il reçoit enfin le nommé Berrard , de Jalais , autre Chef de Brigands , agent du ci-devant Marquis de Péruse.

Voilà , Citoyens Représentans . des faits que je crois ne pas devoir vous laisser ignorer , et dont je suis à même de vous administrer la preuve. C'est à vous de peser dans votre sagesse, si les Brigands dont je viens de vous parler doivent rester à Paris , ou s'ils ne seraient pas mieux dans leurs Communes , sous la surveillance, non des Autorités constituées organisées par Delaunay , mais par celles que vous vous empresserez sans doute de nommer.

Vive la République ! vivent les bons Républicains ! *Signé* , J. A. VIAL.

Tels sont, Citoyens Jurés, les motifs qui ont empêché le Comité de Sûreté Générale de me mander pour me confronter avec Delaunay, et êt＝ admis à la preuve des faits que j'ai exposé contre lui. Arrêtez maintenant votre opinion sur les réponses évasives de ce Représentant, et sur sa conduite captieuse, relativement à ma dénonciation.

Delaunay a-t-il trompé la Convention, lorsqu'il lui a dit, le 24 Ventôse : *Que le sang avait cessé de couler dans la Vendée et dans le Pay＝ des Chouans ; que les campagnes se repeuplaient ; que la confiance se rétablissait ; que les passions ne s'agitaient plus ; que les haines particulières se taisaient ; que les communications devenaient libres ; que les Chouans fusillaient ceux de leur parti qui osaient porter leurs mains sur les Républicains ?....*

Est-il, Citoyens Jurés, un seul mot de vrai dans cette assertion ? Et s'il existe un imposteur entre Delaunay et moi, votre équité saura le reconnaître.

Quel pouvait être le but de ce Représentant, lorsqu'il a eu l'impudence de dire à la Convention : *Que l'humanité seule avait conquis la Vendée, dont tous les enfans égarés venaient de rentrer dans le sein de la grande famille ; que la révolution du 9 Thermidor y était ignorée ; que les eaux ensanglantées de la Loire y avaient laissé des plaies qui n'étaient pas cicatrisées ; qu'il avait rassuré les Vendéens sur le régime de sang et de persécution qu'ils avaient éprouvé ?....*

Pensez-vous donc, Citoyens Jurés, que les Patriotes d'Angers méritassent une diffamation aussi virulente ? Et Delaunay, mieux que personne, ignorait-il la cause de la rebellion Vendéenne ? Ne sait-on pas que les Républicains n'ont marché contre les Révoltés , qu'après avoir épuisé tous les moyens de conciliation ? Ignore-t-on qu'avant d'employer les mesures rigoureuses , il en avait coûté à l'État plus de cent mille Républicains massacrés par les Rebelles ? Quand on n'aurait pas été convaincu que ces fanatiques et ces Royalistes étaient sans retour pour la Patrie , l'expérience vient malheureusement de démontrer cette vérité ; puisque , malgré les sacrifices , *les avances* de la Convention , ils méconnaissent de nouveau ses Loix , et r'ouvrent toutes les sources de la guerre civile.

Il n'est que trop évident que c'était pour signaler les plus chauds Patriotes aux poignards du Royalisme , que Delaunay les a désignés aux Rebelles amnistiés , comme des *Terroristes*. Ce qui ne laisse pas sur les intentions de ce Représentant , le moindre doute , c'est la manière injuste , inhumaine , avec laquelle il a traité les Républicains pendant sa mission ; tandis qu'entouré de Vendéens et de Royalistes connus , il méditait avec eux la perte de tous ceux qui avaient fait une *guerre à mort* à ce qu'il appellait *les Frères égarés*. Aussi , a-t-on proscrit tous les Patriotes réfugiés ; aussi , le sang des Patriotes a-t-il coulé , et coule-t-il encore à grands flots. ... Les Fonctionnaires publics nommés par Delaunay , loin de punir les assassins , les mettent en liberté , si , par hasard , on les arrête en flagrant délit. --- La Loi du 5 Messidor est une arme de plus pour le Royalisme ; elle n'atteint que l'infortuné Patriote.

Comment l'impunité du crime ne suivrait-elle pas les Chefs des Brigands , lorsque , de concert avec les Représentans du Peuple Français , ils ont osé dire , dans *l'entrevue* pour pacification ; lorsqu'ils ont même imprimé :

Que des attentats inouis contre leur liberté ; l'intolé-
rance, le despotisme, les injustices et les vexations les
plus inouies, leur avaient fait prendre les armes contre
la République ?.... N'est-ce pas accorder aux Rebelles,
qu'ils eurent raison de s'insurger contre la République,
et que les Patriotes eurent tort de les combattre ? N'est-ce
pas consigner dans les fastes de la Révolution, une honte
indélébile, et sanctionner le langage royaliste des Tyrans
coalisés contre notre Liberté ?

Comment encore justifiera-t-on, Citoyens Jurés, l'or
et les assignats qu'on a donnés avec profusion aux Rebelles, sans y être autorisé par une Loi ; les assassinats qui
ont été commis depuis le traité fait avec ces misérables ;
le désarmement qu'on a laissé volontairement faire de
toutes les campagnes ; les recrutemens qu'on a souffert,
tant dans les Villes que dans ces mêmes Campagnes ; la
famine dans laquelle on a jetté les Villes et l'Armée, par
l'interception des subsistances ; les approvisionnemens
qu'on a laissé faire aux Révoltés de tout ce qu'ils manquaient ; le payement qu'on a laissé effectuer entre les
mains des Brigands, et sur des quittances au nom d'un
Louis XVII, à tous les Acquéreurs des Domaines Nationaux, et aux Fermiers des biens des Emigrés, etc. etc.
etc. ; tous ces malheurs exécutés sous les yeux de Delaunay, pendant le temps qu'il disait à la Convention que
tout était fini, sont connus de tous les Citoyens du Département. Je n'ai donc pas été jusqu'ici un imposteur.
Voyons maintenant si tout ce qui a été fait postérieu-
rement, par suite de ces mesures contre-révolutionnaires,
n'emporte pas le caractère de la provocation à la Royauté.

La Convention est persuadée dans ce moment, que la
guerre de la Vendée est finie ; que tous les habitans sont

rentrés chez eux , et qu'ils jouissent en paix des débris de leur fortune. Vous ne pouvez cependant vous dissimuler, Citoyens Jurés , que dix mille Patriotes au moins sont, ou dans votre Ville , ou dans ses environs , et qu'ils ne peuvent rentrer chez eux , sans y être égorgés ; que les Rebelles jouissent des biens de ces malheureux ; que des Commissaires de Stofflet les administrent. Vous verrez la preuve de ce fait dans le billet que j'ai transcrit dans la lettre que j'ai écrite aux Comités du Gouvernement. Sans doute qu'il en est qui sont rentrés dans leurs domiciles. Mais quels sont ces individus ? Ce sont des lâches qui, n'ayant pas eu le courage de combattre pour la révolte , sont venus parmi nous pour servir d'espions aux Brigands : et vous sentez que ceux-là ne sont pas proscrits , mais les Républicains qui se sont opposés à ce qu'on effectuât la contre-Révolution , dont les Royalistes n'ont même pas perdu l'espérance ; ce sont, suivant Delaunay et ses semblables , des Terroristes dont l'assassinat ne doit pas être poursuivi ; comme en effet les Autorités par lui régénérées , ne les poursuivent pas. Aussi refuset-on à ces bons Citoyens des armes , des munitions de guerre ; on ne leur paye plus les secours que la Convention leur avait accordé : les Officiers Munici aux d'Angers viennent de prendre un Arrêté , le . . . . . suivant lequel ils ne peuvent plus avoir de pain , à moins de le payer neuf francs la livre ; bientôt on leur refusera le feu et l'eau , à moins qu'ils ne se mettent à chouanner.

Voulez-vous, Citoyens Jurés , d'autres preuves qu'on continue d'en imposer à la Convention sur la guerre de la Vendée ? demandez aux Administrateurs du District du Montglonne, et aux Juges du Tribunal de ce District , pourquoi ils ne se rendent pas à leur poste ; lisez l'acte que j'ai fait signifier aux Officiers Municipaux et au Juge-de-Paix de Chalonnes, que voici (1) : Lisez encore l'Arrêté que les Administrateurs du Département ont pris au sujet de la caisse du District de Cholet ; et vous verrez

(1) *Aux Maire, Officiers Municipaux, Notables, Juge-de-Paix et Assesseurs du Canton de Chalonnes.*

Jean-Antoine Vial, Citoyen de la Commune, réfugié à Angers,

Vous expose, qu'il a lieu d'être surpris, qu'en conséquence de la pacification de la Vendée, le Chef-Lieu du Canton, et les propriétés sises sur la rive gauche de la Loire, dépendantes de la Commune de Chalonnes, soient encore inhabitées ; que les Autorités constituées n'y ayent pas repris leurs fonctions, et que la Garde Nationale n'y soit pas organisée.

Qu'il est d'autant plus étonnant que tous ces objets ne soient pas déjà remplis, que, d'un côté, la Convention croit que tout est rentré dans l'ordre dans ce malheureux Pays, et que de l'autre, l'Exposant a reçu, à la fin du mois dernier, des mains d'un de ses Fermiers, un ordre signé *Stofflet*, par lequel il paraît que les ci-devant Rebelles ont des Commissaires qui disposent des biens des Réfugiés ; ce qui est contraire à la Loi d'amnistie, et des Arrêtés des *Représentans amnistiens même.*

Que, depuis peu de jours, on s'est permis de faire faucher les prés de l'Exposant, et d'en enlever les foins ; qu'enfin tous ses biens sont encore à la possession des *Frères égarés*, les dilapident, empêchent qu'on ne répare les dommages causés au vignoble, s'opposent à ce que les propriétaires ne transportent aucuns des objets provenans de leurs possessions, ne mettent point de cocarde Nationale, ne veulent point recevoir le papier-monnoye de la République, etc. etc. etc.

Que toutes les voies de fait et signes contre-révolutionnaires procèdent de ce que les Autorités constituées et les fonctionnaires publics ne sont pas dans les Chefs-Lieux de Cantons, pour y faire observer les Loix de la République, réorganiser la Garde Nationale, et rendre justice à qui de droit ; ce qui occasionne non-seulement des pertes incalculables aux Habitans, mais encore au Corps Social qui continue des

si on compte beaucoup sur la loyauté des Frères égarés de Delaunay. Il est vrai que ces Administrateurs ont hérité des sages mesures de Delaunay, pour parvenir à

secours aux Réfugiés, lorsque les Représentans croyent qu'ils sont rentrés chez eux.

Que, d'un autre côté, vous n'avez pris aucune mesure pour faire jouir cette classe malheureuse et intéressante de bons Républicains qui ont tout sacrifié à leur Patrie, pour les faire jouir des indemnités que la Nation leur a accordées.

Pour quoi l'Exposant proteste contre vous, tant en son nom qu'en celui de l'intérêt public, auquel il est inviolablement attaché, de vous faire supporter, en votre privé nom, toutes les pertes, dommages-intérêts et dépens, soufferts et à souffrir par votre négligence, si mieux vous n'aimez déclarer, dans vingt-quatre heures, pour tout délai, par une réponse précise et non-ambigue, les causes qui se sont opposées à tout ce que dessus. Angers, trente Nivôse, l'an troisième de la République, une et indivisible, et de la mort du Tyran.

J. A. V I A L.

Le cinq Thermidor de l'an trois de la République, une et indivisible, à la requête du Citoyen Jean-Antoine Vial, de la Commune de Chalonnes, réfugié à Angers, pour lequel domicile est élu à Angers, dans sa maison, rue Francklin, et pour vingt-quatre heures seulement en la maison de François Barrault, son Fermier, Isle du Petit-Port-Girault ; j'ai, François-René Quenion, Huissier public, demeurant à Angers, rue Bodin, *alias* du Petit-Prêtre, muni de Certificat de Civisme, soussigné, signifié et délivré copie de la Pétition des autres parts, aux Citoyens Maire, Officiers Municipaux et Notables de la Commune de Chalonnes, en parlant au Citoyen Leduc, jeune, leur Secrétaire, de présent réfugié dans la grande Isle de Chalonnes, dans la maison du Citoyen Martin, un des Officiers Municipaux, parlant à sa personne, et aux Citoyens Juge-de-Paix et Assesseurs dudit Canton de Chalonnes, en parlant au Citoyen Thienbaud, leur Greffier, demeurant dans la maison de . . . . en parlant à sa personne ; à ce qu'ils n'en ignorent, leur réitérant les protestations et réquisitions y contenues, à fins de dépens ; dont acte ; et leur ai laissé à chacun d'eux copie, en parlant comme dit est.   Q U E N I O N.

une

une pacification parfaite , ils viennent de destituer les Officiers Municipaux patriotes de Chalonnes, ceux qui avaient
été nommés à l'unanimité par le Peuple , pour y substituer
des Chefs de la révolte. Bellanger, cousin des Martin de la
Pommeraye, déjà nommé par Delaunay pour Juge-de-Paix
de ce Canton, s'accordera aussi parfaitement avec les Rebelles ; car , au mois de Mars 1793 , ces mêmes Rebelles le demandaient pour rétablir l'ordre. Depuis sa nomination ,
il n'a rendu que des Jugemens qui ne peuvent que con-
solider l'harmonie ; les minutes de son greffe prouvent qu'il n'y a pas eu un seul Patriote qui ait eu raison
devant lui. Il est tellement convaincu que les *frères égarés*
sont sans reproche , et qu'ils ne peuvent être ramenés
que par la voie de la Justice et de l'Humanité dont a
parlé Delaunay à la Convention , que, lorsque les Fermiers
des Réfugiés se permettent de mettre leurs bestiaux dans
les prés dépendans de leur ferme , il les condamne à
l'amende , à moins que le *Général Stofflet* et le *Grand-*
Juge Bernier n'en décident autrement. Charles Borret ,
un de mes Fermiers , a été expulsé d'une de mes possessions , et obligé de payer six livres de frais , pour avoir
osé troubler un Officier brigand qui s'était emparé de
sa ferme.

Ce Juge-de-Paix qui passe , comme on le pense bien ,
dans le chef-lieu du canton, sans risques , réside pourtant ,
ainsi que les Officiers Municipaux , dans l'Isle qui dépend
de ce canton , et souffre que les *frères égarés* restent
sans cocarde Nationale ; qu'ils refusent le papier-monnoie
de la République ; qu'ils fassent la police ; qu'ils insultent
les Patriotes ; qu'ils tiennent les propos les plus contre-
révolutionnaires ; qu'ils empêchent la sortie des subsistances ; en un mot, que les Loix de l'État ne soient pas

exécutées. J'ai cru devoir faire constater ce fait par un acte extra-judiciaire, que j'ai fait signifier à ces Fonctionnaires publics, le 5 Thermidor, afin qu'ils ne puissent le désavouer. Vous venez de le voir.

Il est vrai que, depuis, les agens de Delaunay se sont adressés aux Administrateurs du Département régénéré par lui, pour faire remplacer ceux de mes Collègues qui, le 23 Mars, ne voulurent pas capituler avec les Rebelles ; et que ces Administrateurs auxquels ce Représentant a transmis les droits de ses Commettans, par un arrêté, ont nommé à la place de ces Citoyens fidelles à la République, des *frères égarés*, qui sans doute ne tarderont pas à aller trouver leurs camarades.

Ce sont ces individus, Citoyens Jurés, qui, en trahissant ainsi la République, travaillent à animer le Peuple contre les Patriotes de 89 ; ce sont ces Fonctionnaires publics qui envoyent des témoins aux organes de la Loi, ou en servent eux-mêmes. Que réserves-tu donc, divine Providence, au Département de Maine et Loire ? Quoi ! ceux qui ont fait son malheur, sont aujourd'hui admis pour perdre les Vétérans de la Révolution ? Voici en effet les témoins qui déjà leur ont remis les chaînes qu'ils avaient brisées.

Coulonnier, Mamert - Coullion, Brichet, Bardet et Villier, tous cinq Administrateurs en 1793, et dont trois furent destitués et envoyés à Amboise, pour mesure de sûreté générale ; un autre d'abord conservé, et ensuite Agent National du District, et qui par conséquent a consenti à tout ce qui a été fait en exécution de la Loi du 14 Frimaire, relative au Gouvernement révolutionnaire ; le dernier enfin, Membre du Comité Révolutionnaire, à l'époque du 9 Thermidor ; *et cependant tous réintégrés*

par Delaunay, sont les mêmes dont j'ai déjà fait connaître la conduite et les principes , et dont mon Jugement
du 29 Vendémiaire les met dans les liens d'une accusation capitale , sont devenus , par les prévarications de
Gautret et de Mijonnet, mes dénonciateurs. Ici, Citoyens
Jurés , vous donnerez sans contredit un exemple mémo-
rable de civisme, pour sauver votre Pays ; il faut que
Gautret et Mijonnet vous exhibent la procédure instruite sur la trahison qui a mis Chalonnes dans les
mains des Brigands ; et vous serez convaincus que ces
Administrateurs sont les mêmes qui , conjointement avec
Cherbonneau , leur Commissaire , Bousseau et Foucault,
père et fils , ont pratiqué des manœuvres tendantes à livrer
Chalonnes aux Rebelles , et favorisé le progrès de leurs
armes contre la République. Or, ce délit qui , avec ses
circonstances , n'est que le développement des principes
que ces Administrateurs avaient manifestés dans leur Proclamation du mois de Juillet précédent , vous suffira
sans doute pour vous convaincre de la nullité de la procédure ; puisque c'est la première fois que des hommes
destitués , accusés et même convaincus de trahison , de-
viennent , par la réaction de leurs premiers principes,
accusateurs de ceux qui les ont accusés. Il était sans doute
réservé à Mijonnet et à Gautret de donner un exemple
aussi réversif de tous les principes connus , et des Loix
existantes.

Vient après Scotty qui a fait d'abord son apprentissage
de civisme au ci-devant château de Brissac , devenu
ensuite l'esclave de *Dieusie*, Président du Département
en 92 et partie de 93 ; Secrétaire de cette Administration ;
aujourd'hui Officier-Major de la Compagnie des bâtons
noirs ; le même qui, le premier, a donné l'exemple des

fusillades sur le port de l'Ancre, et que, lorsqu'il ne pouvait pas y aller en personne, il prêtait son fusil à deux coups à ceux de ses Concitoyens qui étaient de planton chez les Représentans, et qu'il leur disait : Allez, allez nous aider à détruire ces scélérats. Les héritiers de Morna, et les Citoyens qui étaient de garde, déposeront de ce fait. Et c'est cet homme qui, depuis la réaction du Royalisme, et qui est revenu sous les ordres de ses anciens maîtres du Département, veut faire l'humain et l'acharné contre les prétendus Terroristes.

Le Patriote Maillocheau, autre témoin, mérite aussi une place distinguée parmi les Brigands appellés pour déposer contre les Patriotes. Quoique cet individu soit connu pour ce qu'il est dans Angers, il faut que le public sache qu'il est le cousin de Bousseau, qui, comme vous avez vu, était un des agens des Vendéens de Chalonnes, et que, lorsque le 23 Mars 1793, j'arrivai dans le local du Département, me menaça de m'ouvrir le ventre avec son sabre, (ce sont ses expressions) sans doute parce que je n'avais pas voulu capituler avec son cousin qui était venu à cet effet en ambassade, au nom des Rebelles, et qui venait d'être arrêté. Cet homme qui fut incarcéré après, et envoyé à Amboise, avec les Administrateurs, et ensuite traduit au Tribunal Révolutionnaire, séant à à Paris, où il fut acquitté, en chargeant la Revellière, aussi son cousin, dit à Leterme - Saulnier : *Aurais-tu jamais cru que la Revellière fût un traître ? il m'avait mis dedans ; mais j'ai démontré que j'avais été trompé par lui.* Voilà un de ces hommes qui aujourd'hui prend la défense des Fédéralistes. Cette conduite machiavélique démontre la réaction Royaliste.

C'est ici la place de Brouillet, Percepteur des Impôts

de la Commune de Chalonnes. Mettre sous vos yeux, Citoyens Jurés, l'Arrêté que je fus forcé de faire prendre contre lui, sur les conclusions d'Henriette, Procureur de la Commune, lorsque, pour empêcher le payement des Impôts, Brouillet s'entendait avec son cousin David, Brigand, tué au Mans, et avec Fleury, autre Brigand, qui était Membre du Comité contre-révolutionnaire, établi à Chalonnes ; c'est vous en dire assez. Voici cet Arrêté (1) :

----

(1) *Au Conseil-Général de la Commune de Chalonnes, du vingt-sept Janvier 1793, l'an 2 de la République Française.*

Henriette, Procureur de la Commune, a dit : Que la Municipalité a été instruite que le Citoyen Brouillet, Percepteur des Impôts, depuis que les Commissaires nommés par le Conseil ont été vérifier ses rôles, pour, aux termes de la Loi, assurer le versement des Impôts, et pour en accélérer la rentrée ; ce Percepteur n'a cessé de dire aux Redevables, que, s'il avait voulu croire la Municipalité, il aurait déjà fait pour plus de douze cens livres de frais à nos Concitoyens : qu'il a même affecté de ne faire venir chez lui, par des meneurs, que la classe indigente des Habitans, pour leur inculquer cette calomnie, et les aurait envoyés, soit au Citoyen Vial, Maire, soit à l'Exposant ; qu'un procédé aussi dé-sorganisateur est d'autant plus répréhensible, que ce Percepteur est seul cause que sa recette est arriérée, parce qu'il ne s'est jamais attaché qu'à la classe indigente, et a négligé de presser ceux qui étaient en état de payer ; qu'en effet la majeure partie de ce qui reste dû, ce sont des étrangers solvables, ou des réfractaires aux Loix de la République, qui en sont les débiteurs ; que, d'un autre côté, ce Percepteur se refuse à exécuter laLoi etl'Arrêté duConseil, qui lui enjoignent de dater en marge de ses rôles, les payemens qui lui sont faits ; de manière qu'il sera impossible aux Commissaires de constater à chaque fin de mois, ce que ce Percepteur aura reçu, et ce qu'il doit verser ; et comme de tels procédés ne tendent qu'à ôter aux Fonctionnaires publics la confiance dont ils ont besoin pour remplir leurs charges ; le Procureur de la Commune requiert que le Citoyen Brouillet, ici présent, soit interpellé

Je dois pourtant ajouter à l'histoire de *cet honnête homme*, que, lorsque je fus envoyé au Tribunal Révolutionnaire, séant à Paris, il servit aussi contre moi de

---

de s'expliquer sur les motifs qu'il peut avoir, pour se conduire d'une manière aussi peu régulière.

Sur quoi le Citoyen Brouillet a répondu : Qu'on a mal rendu au Citoyen Procureur de la Commune ce qu'il a dit au sujet des frais qu'il était dans le cas de faire pour accélérer le recouvrement des Impôts ; qu'il a seulement prévenu les Redevables, que les besoins de l'État exigeaient que les recouvremens fussent prompts ; et que, si les Redevables ne s'exécutaient pas, il ferait pour plus de douze cens livres de frais ; mais qu'il n'a jamais dit : Que ce fut par ordre de la Municipalité qu'il ferait ces frais : que, lorsqu'il a envoyé quelque Redevable au Citoyen Maire, c'est parce que ceux-ci prétendaient être trop taxés, et qu'il a cru ne pouvoir mieux faire que de dire à ces Révoltés de s'adresser aux organes médiats de la Loi ; qu'à l'égard de l'imputation qui lui est faite d'avoir favorisé des personnes qui sont en état de payer, des réfractaires à la Loi et des étrangers. il n'a, en général, cessé de les presser de s'acquitter; mais que les personnes dont veut parler le Citoyen Procureur de la Commune; ces mêmes personnes ont chargé leurs Fermiers de payer les Impôts ; et que ces Fermiers ayant été afligés, comme tous les autres, des calamités publiques. ils n'étaient pas plus en état de payer que ceux qui sont dans l'état d'indigence : qu'enfin, s'il n'avait pas fait mention de la date des payemens sur les rôles, c'est parce que les marges de ces rôles ne peuvent pas contenir la quantité des payemens que les Citoyens font partiellement sur une modique cote.

Sur quoi le Citoyen Maire a observé au Percepteur : Que son excuse sur les propos qu'il a tenus contre la Municipalité, n'est pas admissible, parce qu'il est constant qu'il l'a véritablement compromise : qu'à l'égard des Redevables qu'il envoyait journellement au Procureur de la Commune, et à lui Maire, il n'ignore pas qu'il est impossible que ces deux Fonctionnaires puissent rien changer sur l'état des choses ; et que, s'il avait voulu véritablement servir la Chose publique, c'était de dire à ces Redevables : Que le délai que la Loi leur accordait pour se pourvoir contre leur taxe, étant expiré, il n'était plus tenu de revenir contre. Il a observé, de plus, au Percepteur, que ce qu'il a dit au

faux témoin, et qu'il fut hué par le Peuple. Le Jugement qui m'acquitta, est du 29 Vendémiaire, et par conséquent après le 9 Thermidor. Sans doute que je n'ai pas commis de délits après cette époque; sans doute qu'il dit tout ce qu'il lui plut d'inventer alors contre moi. Or, sa nouvelle déposition ne peut pas porter sur des faits dont j'ai été acquitté; il est donc un mal-honnête homme d'être reparu sur l'horison : mais s'il échappa alors à la sévérité des Loix, par les circonstances du temps, sa récidive lui fera subir aujourd'hui la peine qu'il mérite.

---

sujet des Émigrés, des étrangers, et de ceux qui ont des facultés pour payer; n'est pas admissible, puisque, depuis que le Conseil a nommé des Commissaires pour la vérification des rôles, les recouvremens ont eu plus d'activité; preuve incontestable que, s'il avait voulu remplir le dû de sa charge, les Impôts de 1791 seraient tous payés : que son excuse sur le défaut de mention des dates n'est pas plus admissible; parce qu'indépendamment de la marge qui est assez grande pour contenir ces mentions, les articles du rôle sont assez épars pour pouvoir intercaller les reçus dans le blanc des distances d'un article à l'autre.

Le Conseil, après avoir entendu le Procureur de la Commune et le Percepteur; persuadé que le Citoyen Brouillet n'a pas voulu nuire à la Municipalité, l'engage à ne plus tenir de pareils propos aux Redevables contre les Autorités constituées; d'avoir à insérer, à compter de ce jour, les dates des reçus qu'il donnera aux Redevables, en marge de ses rôles, et à défaut de blancs, d'incarcérer ces reçus dans l'espace qui reste entre les articles qui restent desdits rôles; d'avoir à accélérer, autant que les besoins de la République sont grands, le recouvrement des Impôts; et d'en verser exactement le montant dans la caisse du Receveur du District, à mesure des rentrées. Charge les Commissaires-Vérificateurs de vérifier les rôles aussi souvent que faire se pourra, et d'en rendre compte exactement au Conseil; afin de prendre, si lieu y a, des mesures pour rendre le Percepteur responsable des retards.

Fait et arrêté l'an et jour susdits. *Collationné*, LEDUC, Secrétaire.

Je ne doute pas, Citoyens Jurés, que vous ne frémis-
siez d'horreur, lorsque vous verrez paraître devant vous
le Brigand Fourmond, et sa femme, qui sont proches
parens de Delaunay ; la femme de Fleury, dont je vous
ai déjà entretenu du mari ; et Chapperon et sa femme.
Quoi ! la Révolution du 9 Thermidor aurait mis le
glaive de la Loi dans les mains du Juge - de - Paix
Mijonnet, fils et frères d'autres Brigands qui ont
contre-révolutionné à Rochefort et à Chalonnes, avec
tous ceux que je viens de nommer, pour faire égorger
les Patriotes ! Non, Citoyens Jurés, ce qui se passe dans
le Département de Maine et Loire, est ignoré de la
Convention ; il ne s'agit que de démasquer celui qui lui
cache la vérité, pour être certains de sa justice ? Mais
est-il bien possible qu'un Tribunal composé d'hommes
qui connaissent tous les ennemis publics que Mijonnet
a appellés pour jetter des Patriotes dans les fers, n'ait
pas apperçu que cette étrange affaire avait quelque
motif criminel ? Voulez-vous connaître, Citoyens Jurés,
les projets que les frères égarés de Delaunay ont sur les
Patriotes ? demandez au Directeur du Juré, de faire appeller les Citoyens Pellet et autres bons Citoyens de
Chaudefond que ceux-ci vous désigneront, pour déclarer ce
que Fourmond a dit ; et vous verrez ce que nous devons
attendre des *frères égarés.*

J'ai déjà fait connaître les principes de Cherbonneau,
ancien Administrateur du District ; et, comme moi, vous
serez sans doute étonnés, Citoyens Jurés, au moins de
l'impudence de cet homme, d'avoir osé se mettre en
évidence. Déjà vous savez que cet ex-Administrateur est le
même qui, en sa qualité de Commissaire du Département, voulait me faire capituler avec les Rebelles ,

le 22 Mars 1793. Mais ce n'est pas tout : au mois de Juin suivant, c'est-à-dire après l'invasion de Saumur et la désertion honteuse d'Angers, ce digne Administrateur s'amusait à faire boire dans l'auberge des trois Maures, des Soldats de la Légion Germanique, pour les engager à passer avec les Rebelles. Un de ces soldats ayant été pris comme déserteur, avoua le fait devant le Comité Révolutionnaire. Voilà un des Administrateurs qui aujourd'hui se plaignent d'avoir été destitués et envoyés à Amboise, et que Mijonnet a fait entendre comme témoin contre les Patriotes. Voilà les délits que cet Officier public, de concert avec l'Accusateur public Gautret, ensevelissent. Il faut donc être Brigands ou traîtres à sa Patrie, ou Fonctionnaires publics promus par Delaunay, pour être à l'abri de toute poursuite.

Il faut faire suivre ici les Mariniers et autres faux témoins de Chalonnes, que le même Cherbonneau a subornés, et que le Juge-de-Paix Mijonnet a excités. Ici, Citoyens Jurés, vous pouvez servir le Citoyen honnête, contre la malveillance, en faisant un grand exemple. Vous pouvez convaincre d'imposture ceux de ces témoins qui déposeront que j'ai fait fusiller trois hommes dans cette Commune. Vous avez déjà vu la Lettre du Général Moulin, qui constate que c'est le Commandant Robineau qui a fait fusiller ces hommes. Si le Commissaire National provisoire, qui sera sans doute présent à l'audition de ces témoins, remplit le vœu de la Loi, il doit les faire arrêter. Je tiens à ses ordres l'original de la Lettre de Moulin.

Je n'ai pas encore complété la preuve littérale, pour convaincre du même délit ceux à qui Cherbonneau a fait dire que je voulais acheter leur bateau, pour faire noyer les Prêtres; mais, en attendant que je remette les pièces qui prouvent que l'Administration avait envoyé ces Prêtres à Montjean, et que c'est Francastel qui les a fait prendre pour les envoyer à Nantes; voici un commencement de preuve, que ce n'est pas moi qui avais recommandé au Commandant du poste d'avoir soin de ces Prêtres, jusqu'après la levée du siége d'Angers, qui les a fait noyer. (1)

Or, le 20 Frimaire, non seulement je n'étais plus du Comité Révolutionnaire, depuis plus de trois mois, je n'étais même plus Procureur-Général-Syndic du Département; puisque cette place avait été supprimée. En attendant donc que je reçoive la preuve des ordres que j'avais donnés pour la conservation de ces Prêtres, à l'Officier qui commandait à Montjean, lorsque l'approche des Rebelles força l'Administration à envoyer ces Prêtres audit lieu; il reste cependant que je ne les ai pas fait noyer.

La faction Royaliste a cru devoir faire appeller pour déposer contre moi, Foucault, ci-devant Receveur des Aides, et sa servante, qui, à la vérité, n'ont pas persisté dans la révolte; mais qui, le 23 Mars 1793, restèrent avec les Rebelles, et dont Foucault, père, qui

---

(1) *Extrait d'une Lettre de Carrier à la Convention Nationale, en date du 20 Frimaire.*

« Pourquoi faut-il que cet évènement ait été accompagné d'un autre » qui n'est plus d'un genre nouveau ? Cinquante-huit individus, désignés » sous le nom de Prêtres réfractaires, sont arrivés d'Angers à Nantes : » aussitôt ils ont été enfermés dans un bateau, sur la Loire. La nuit » dernière, ils ont été engloutis dans cette rivière. Quel torrent révolu- » tionnaire, que la Loire ! »

était alors Notable, fut, comme de raison, de l'avis de Bousseau, son gendre, de ses deux enfans, et de Cherbonneau, Commissaire du Département, pour me faire capituler avec les Rebelles ; qui arbora comme eux la cocarde blanche ; qui reçut d'Armaillé, chef de Brigands, chez lui ; qui donna son Bureau des Aides pour l'État-Major Royal et Catholique ; qui, enfin, livra volontairement ses armes aux Rebelles, ainsi qu'un de ses enfans en est convenu dans l'interrogatoire que lui fit subir Gautret, le 28 Mars 1793, dans lequel on voit : *A lui demandé ce que sont devenus ses armes. A répondu qu'il croit que son père ou sa domestique les a toutes remises aux Rebelles.* (Voyez pag. 50, 51, 52 et 53, de ma première brochure.)

Il est curieux de voir au nombre des témoins, Aubry, Chaircuitier, d'abord Membre du Comité Révolutionnaire, et ensuite Administrateur du District ; tandis qu'il aurait dû suivre le sort de ses Collègues. Car quelle peut avoir été la raison qui ait déterminé Mijonnet d'avoir vexé les uns et protégé les autres, des Membres qui ont composé ce Comité ? Ce Juge-de-Paix a donc deux poids et deux mesures. C'est qu'Aubry s'est prêté à servir la faction, en déposant que je l'avais souvent traité de modéré, pendant le peu de temps que j'ai eu l'honneur d'être son Collègue. Ceux qui le connaissent seront fondés à me reprocher que je ne suis pas connaisseur, si on pouvait ajouter foi à sa déposition ; car Aubry n'est ni modéré ni violent ; c'est un caméléon, sans caractère, qui, sans savoir s'il était capable de remplir les fonctions qu'on lui a données, s'est imaginé être devenu un homme important, parce que la Révolution l'avait déplacé. Un seul fait, Citoyens Jurés, va vous mettre à même de juger de sa capacité.

Il était chargé au District, de la partie relative à la Vente des Domaines Nationaux , et par conséquent chargé de recevoir et vendre les effets provenans des débris des Églises. Lorsqu'il a été décidé que celle de la Trinité serait annexée à l'Hôpital Militaire , on fut obligé de vuider la Sacristie, et d'envoyer tous les ornemens à l'Administration du District. Le Comité Révolutionnaire ne se mêla en aucune manière, de cette opération ; le Directeur de l'Hôpital prit les premiers venus pour la remplir : mais il est de fait qu'Aubry reçut les effets et l'inventaire qui en fut fait ; mais il oublia d'en faire mention sur son Registre.

Lorsque le compte du Comité Révolutionnaire fut arrêté par l'Administration du District , Aubry remit sans doute l'inventaire à Joubert-Bonnaire et à Lemasurier qui furent nommés Commissaires à cet effet ; et ne leur dit pas qu'il avait reçu les effets ; en sorte que le vol parut manifeste ; et sans approfondir si c'était le Comité ou tout autre qui l'avait commis, l'Administration du District fit afficher le Compte du Comité , au bas duquel on inséra l'inventaire des effets enlevés à la Trinité ; en sorte que tout le monde fut imbu de la dilapidation. J'accusais moi-même les Membres de ce Comité de voleurs publics , dans le premier ouvrage que je fis à ce sujet.

Mijonnet , sans constater le délit , non plus que la conviction de ceux qui l'avaient commis , débute par faire incarcérer Bremaud et Martin , marchand de cochons ; mais ce dernier qui avait en sa possession le reçu d'Aubry , le présenta , et fut mis en liberté , après huit jours de détention ; et Bremaud est encore en prison.

Vous voyez, Citoyens Jurés , que la mémoire d'Aubry n'est pas *heureuse* , et que la déposition d'un tel témoin ne peut être que très-incertaine.

(61)

Joseph Trottouin est l'homme qui, le premier, a fourni
à la Société Populaire les matériaux avec lesquels on a
bâti l'affaire des Terroristes ; en sa qualité de Commissaire de la maison du Calvaire, il a dénoncé des faits
très-graves contre certains Membres de la Commission
Militaire, et contre divers autres particuliers. Il s'en
faut bien que je cherche à disculper aujourd'hui les coupables, après m'être élevé vivement contre eux, d'après
les dénonciations de Trottouin. S'il est des Prévenus dont
la conduite ait blessé la justice et l'humanité, le glaive
de la Loi doit les atteindre ; mais la conduite de ce
Dénonciateur banal est-elle régulière ? et n'aurait-il pas
été l'agent de la faction royaliste ? C'est ce que Mijonnet
aurait dû approfondir ; car si l'outrage fait à l'humanité
doit être vengé, la République ne doit pas moins l'être
des traîtres qui ont favorisé ses ennemis dans leurs en-
treprises contre-révolutionnaires.

Il est notoire, Citoyens Jurés, que Joseph Trottouin
a eu des *complaisances* pour la femme et les filles Turpin, pendant leur détention du Calvaire, qu'il n'a pas
eues pour les pauvres et pour les orphelins. Pourquoi
cette prédilection pour des ex-nobles ? Il faut suivre la
conduite de Trottouin, pour en découvrir les causes.

Immédiatement après le 9 Thermidor, et avant le traité
souscrit sous les *tentes de Nantes*, avec les Chefs des
Rebelles, Trottouin faisait des voyages et était très-assidu
auprès des femmes Turpin, près Segré. Alors Turpin,
Chef de Brigands de la Vendée, et son neveu Dieusie,
étaient chez eux ; Trottouin les voyait, quoiqu'ils ne
fussent pas encore reconnus pour des *frères égarés*. Tout-
à-coup il est devenu l'agent des *Représentans amnistiens*, auprès de ces Rebelles ; et le fameux traité a été
signé.

Turpin , Dieusie , Demaulne , Descepeaux , Lacroix , et autres Brigands , ont eu à cette époque la faculté de venir dans la Ville d'Angers ; ils y ont vu les *Représentans amnistiens ;* leur crédit est devenu si puissant , que Bardon a été incarcéré pour avoir osé leur représenter qu'il fallait mettre la cocarde Nationale. Ces *Messieurs* faisaient pendant ce temps des emplettes et notamment d'armes , et peut-être de munitions de guerre. Ils voyaient assiduement les femmes des Emigrés , qui , pendant ce temps, brodaient des drapeaux blancs. La dame Schombert, fille Serrant , que l'Administration a réintégrée on ne sait pourquoi dans les biens de son mari, de son père et de ses créanciers , tous émigrés , se distingua par l'élégance qu'elle mit dans la façon des ceintures chouannes. C'est pendant ce temps qu'on fut proposer au Républicain Letourneau , Graveur , de faire un cachet aux trois fleurs-de-lys ; et Trottouin ne quittait point pendant ce temps , ces Rebelles.

Cependant se formaient alors les camps de *Pontron* et de *la Galicheraye* , dont les mêmes Rebelles étaient les chefs. On assassinait tous les Fonctionnaires publics qui étaient dans les bons principes , et tous les Patriotes prononcés , excepté Trotouin qui voyageait dans ce pays, sans courir aucun risque , et où il était même fêté. On désarmait les campagnes ; on interceptait toutes les subsistances , etc. , etc. , etc. ; et pendant ce temps Trotouin et le Représentant Delaunay nous disaient ici que c'étaient des coquins, des Terroristes qui commettaient ces crimes ; mais que Turpin, Dieusie , Demaulne, Descepeaux et Lacroix , les faisaient fusiller, lorsqu'ils étaient pris ; que la plus grande police était observée à ce sujet.

Arrive alors le cousin-germain de Trotouin , qui avait été Aide-de-Camp de Turpin et de Dieusie , dans la Vendée , à qui Delaunay fit livrer par Paruit, Payeur Général , un barril d'écus, qui contenait 30 à 40 mille livres , et environ 60 mille livres en assignats. Ce Brigand emporte ce butin chez l'Ambassadeur des Chouans, son cousin , et boivent à la santé de la République. Joackim Trotouin, frère de l'Ambassadeur, et cousin du Brigand , dont le patriotisme est connu , indigné d'un vol aussi considérable , ne put s'empêcher de m'en témoigner son mécontentement, le lendemain que cette opération fut consommée.

On arrêta, quelques jours après, Descepeaux, Demaulne, et Lacroix. Trotouin l'Ambassadeur , jette feu et flamme, accuse les Patriotes qui avaient fait la capture, de malveillans qui voulaient faire manquer l'amnistie. Les scélérats furent élargis par les Autorités Constituées , et retournèrent à leur Camp. Demaulne et Lacroix ont été réincarcérés depuis ; mais on les a envoyés à Saumur. Vous savez, Citoyens Jurés, que les Rebelles qui partent, ne reviennent pas.

Descepeaux , muni d'un bon passe-port signé du Représentant du Peuple , et visé par les Administrateurs du Département, nommés par Delaunay, a été joindre sa tente et son cousin d'Autichamp, à Paris, et visitent journellement le Représentant Delaunay.

Mais l'arrestation de Demaulne et de Lacroix , ni le départ de Descepeaux n'ont pas dépourvu l'armée royale de chefs ; il est resté Turpin et Dieusie qui firent l'expédition d'Ingrandes et de Segré quelque temps après. On sait que nombre de bons Citoyens ont été assassinés, et que la caisse du District de Segré a été enlevée ; que plusieurs de nos postes ont été égorgés, et que les vols et les pillages n'ont été qu'en augmentant.

Voilà le résultat de l'ambassade de Trottouin. Vous pouvez juger, Citoyens Jurés, sa conduite sur le tableau que je viens d'en faire ; et vous, Républicains d'Angers, quand est-ce que vous ouvrirez les yeux ?

J'ai déjà fait connaître par mes deux précédens ouvrages, la conduite de l'Agent National de la Commune d'Angers (Fillon): alors je me doutais bien que c'était lui qui conduisait le *Magistrat Mijonnet;* mais j'ignorais qu'il se fût fait inscrire pour témoin. Que viendra-t-il vous dire, Citoyens Jurés, que dans la nuit du 13 au 14 Frimaire, il laissait donner des passe-ports aux lâches qui voulaient aller se cacher dans les environs d'Angers, pour ne pas combattre les Rebelles ? Qu'il n'a jamais paru dans les maisons d'arrêt, et notamment à la citadelle, pour s'assurer des besoins des prisonniers, au lieu de les laisser périr par dixaines dans les cachots, et laisser encombrer les morts dans une des cours, les uns sur les autres, tous nuds comme des animaux à la voirie. D'avoir été souvent dîner avec la Commission Militaire, pour lui dire qu'ils allaient trop doucement, et qu'il fallait expédier trois ou quatre cens Prévenus par jour, parce qu'on manquait de pain ? D'avoir fait ouvrir les maisons d'arrêt à cette Commission Militaire, pour faire effectuer les fusillades, lorsque le Comité Révolutionnaire s'était opposé qu'elle ne s'immisçât dans ces prisons. D'avoir fait consommer dix mille huit cens et quelques quintaux de grains que j'ai fait livrer par des Commissaires à la Commune dont il est l'organe, sans avoir rendu aucun compte. D'avoir puisé dans le Trésor National près de deux millions pour des subsistances, sans en avoir non plus rendu compte. D'avoir mis à contribution

contribution les bons Citoyens, pour le même objet, jusqu'à concurrence de 800000 livres, qui sont encore au pouvoir de cette Commune. D'avoir, après qu'on a eu consommé ces sommes, fait prendre un Arrêté sur ses conclusions, le 22 Messidor, par lequel il a fait refuser du pain à tous les Citoyens autres que ceux qui n'ont pas droit aux secours, c'est-à-dire, en état de mendicité, sous prétexte que la récolte devait mettre les autres en état de s'approvisionner ; tandis que presque tout le Département est au pouvoir des Rebelles ; tandis que la Municipalité n'a rendu aucun compte depuis, de trois millions qu'elle a reçus pour cet objet, et qu'elle détient les fonds que les Citoyens fortunés lui ont avancé ? D'avoir demandé du secours au Gouvernement, par une Députation envoyée exprès à la Convention, sans avoir instruit la Représentation Nationale des causes qui occasionnaient cette disette factice. D'avoir, par cette réticence et par l'impunité des Rebelles qu'on a laissé venir dans la Ville, échapper des prisons ou mis en liberté, laissé propager l'insurrection au point d'affamer la Ville, et forcer le Peuple, par ce criminel stratagême, à demander un Roi. D'avoir, enfin, prévariqué dans ses fonctions, en ne faisant exécuter la détestable Loi du *Maximum*, que pour arracher aux malheureux qui travaillaient dans les hôpitaux, le fil qu'ils avaient pour alimenter sa manufacture ; tandis qu'il vendait les marchandises qui en sont sorties, au-dessus du prix fixé par la Loi qu'il faisait exécuter par les autres. Voilà, Citoyens Jurés, l'humain qui, par sa connivence, a jetté dans les fers ceux qui, dans des temps plus malheureux, *n'avaient jamais laissé manquer du pain au Peuple, à un prix très-modéré, et sans avoir jamais puisé dans les coffres du Gouvernement.*

E

On m'assure que le Municipal Bardoul est aussi témoin dans mon affaire. Je n'ai rien à ajouter ni sur sa moralité, ni sur ses principes. Vous pouvez juger, Citoyens Jurés, de la confiance qu'on peut avoir en sa déposition, par ce que j'en ai dit dans mon deuxième Ouvrage, pages 199, 200 et 202. Je vous le remets sous le pli.

J'ai connu pour la première fois, le Citoyen Moreau à la Citadelle d'Angers, où j'étais détenu, lorsque la Faction anarchiste voulait faire tomber ma tête. La Commission Militaire l'avait envoyé en arrestation, parce (me dit-il) qu'il avait voulu défendre un Patriote. Une telle recommandation doit passer par-tout ; aussi je n'eus rien de plus empressé que d'aller le voir, lorsqu'un Jugement du 29 Vendémiaire m'eut rendu la liberté. Il me proposa alors de me faire recevoir à la Société Populaire ; j'insistai pendant trois mois ; mais des motifs d'intérêt public m'y déterminèrent ensuite. Il m'entretint alors de tout ce qu'il avait fait contre les Terroristes, et me communiqua toutes les pièces sur lesquelles il avait basé les dénonciations envoyées à la Convention. Je trouvai des faits graves, et me déterminai à donner plus d'étendue à ce qu'on avait fait jusqu'alors.

Depuis cette époque, j'ai trouvé quelque chose d'équivoque dans sa conduite civique, et notamment le dégoût qu'il a affecté pour la Société Populaire, depuis qu'il a s'agi de parler contre l'Amnistie. Ayant été nommé Commissaire pour faire une Adresse à ce sujet, il ne s'y est prêté qu'avec peine ; il a cherché à voiler la vérité, et a terminé par détourner la Société depuis mon arrestation. On m'a assuré que, depuis, il fréquente les Aristocrates les plus aguerris.

Vous voyez, Citoyens Jurés, que ma liaison momen-

tanée avec le Citoyen Moreau, ne peut tirer à conséquence, et que, si je m'en défends, c'est parce qu'il m'est
parvenu dans ma prison une note qui mérite une justi-
fication de sa part, et que, jusqu'alors, les amis de la Liberté doivent suspendre leur jugement sur son compte(1).

Le Citoyen Legendre, Notaire, est aussi appellé pour
déposer contre les Terroristes. Quoique cela ne me regarde en aucune manière, je dois vous observer, Citoyens
Jurés, qu'il est bien étonnant que cet homme et quel-
ques-uns de ses Collègues se soient permis d'inculper
leurs Concitoyens, lorsqu'eux-mêmes étaient plus dans
le cas qu'aucuns autres, d'être poursuivis sous cette dénomination.

D'abord, c'est Francastel qui les a nommés au Comité
Révolutionnaire ; et ils ont, comme le premier Comité,
fait exécuter des fusillades. On sait comme ce dernier
Comité s'est conduit à mon égard, lorsque j'étais à la
Citadelle, par les ordres de Francastel, Hentz, Bour-

---

(1) Des Citoyens Patriotes m'ont demandé des renseignemens sur
le Citoyen Moreau. Je vais dire sur mon ami, ce que j'en sais. *Moreau*
a combattu en faveur de la faction des blancs anarchistes du Port-au-
Prince, contre les hommes de couleur et les amis de la liberté des
noirs. Il défendait une cause liberticide, qui tendait à propager l'escla-
vage dans les Colonies, ou à rejetter le Gouvernement Français, en y
appellant la protection Anglaise contre les principes de la Révolution
Française. *Moreau*, dans une sortie du Port-au-Prince, contre les amis
de la Liberté, a reçu un coup de feu au bras, sur l'habitation *Sancto*,
Commune de la Croix-des-Bouquets, où était un rassemblement
d'hommes de couleur et des noirs, que la Loi du 15 Mai appellait
à l'exercice de leurs droits politiques ; droits que les blancs contestaient
avec une fureur, une rebellion aux Décrets, condamnable sous tous
les rapports : ce que je déclare être vrai, même au rapport du Citoyen
Moreau. *Signé*, L. L. B.

botte et Lebeau. On n'aura pas oublié que c'est ce Comité qui donna l'ordre barbare de m'enlever, à minuit, de
mon lit, pour me réintégrer dans le cachot N°. 7, et de
ne me laisser voir le jour que pendant deux heures, et
que, pendant ce temps, un factionnaire armé se prome-
nait avec moi, afin que je ne parlasse à personne ;
afin d'empêcher que je n'exécutasse des conjurations dans
les prisons.

Ces faits sont, bien certainement, de *l'invention Robes-
pierriste* ; il est donc conséquent de penser que les Membres qui composaient ce Comité, *sont de sa queue, et
par conséquent de vrais Terroristes.* Par quelle fatalité
donc *l'intelligent Mijonnet* n'a-t-il atteint que les Terroristes du premier Comité, dont la Loi qui les concer-
nait, ne le regardait pas, et a laissé tranquilles ceux
qui, le 9 Thermidor, étaient en exercice ? C'est que,
parmi les Membres de ce Comité, il en était qui, au
mois de Juin 1793, qu'on abandonna Angers aux Rebelles, avaient protégé les Frères égarés de Delaunay,
accepté des Places dans la Municipalité Royale, et chanté
la messe de l'Évêque d'Agra : aussi ce Représentant les
a-t-il placés, les uns dans l'Administration du District,
et les autres dans la Municipalité, ou dans le Conseil-
Général de la Commune.

Je dois à la vérité, que la défaveur que j'ai jettée sur
Gouppil, fils, dans ma première brochure, au sujet
de la mort de son oncle le Prêtre, avait été puisée dans
une source impure ; ayant appris que Bouquet, dans la
déposition duquel j'avais pris cette anecdote, était assigné
en témoignage ; je viens vous déclarer, Citoyens Jurés,
que cet homme était domestique de l'ex - Noble Pigne-
rolles, émigré ; qu'il avait été incarcéré comme brigand,

et trouvé saisi d'une Proclamation de Louis XVII. Or, comme j'ignorais ces faits, lorsque j'ai fait mon Ouvrage, je m'empresse de rétracter ce que j'ai dit à ce sujet, avec d'autant plus de plaisir que cet homme a été convaincu devant les Tribunaux d'Angers, d'avoir acheté de l'argent pour faire passer à son Maître, conjointement avec Picot, Meûnier, qui est également pour déposer contre les Terroristes. *Le Commissaire National, Chedevergne, peut rendre compte de cette honorable affaire, puisque c'est lui qui a défendu ces deux amis de la République.*

Je ne finirais pas, si je voulais parcourir le rassemblement que le *prévaricateur Mijonnet* a fait de tout ce qu'il y a d'abject, d'immoral et de contre-révolutionnaire dans le Département, pour perdre nombre de pères de famille, de Défenseurs de la Patrie et de bons Républicains. Je me plaïs à croire à l'innocence de la plûpart d'entre eux, et même de tous. Ceux de ces témoins dont il me resterait à éplucher la conduite, si on en excepte quelques braves Militaires, qui, à-coup-sûr, diront la vérité; tous les autres sont des Nobles, des Prêtres, des femmes galantes, des Frères égarés; enfin, de tout ce qui est le plus susceptible de vice et de corruption. Rendez donc, Citoyens Jurés, à la République, à leurs femmes, à leurs enfans, ceux que vous jugerez qui n'ont pas péché du côté du cœur : s'il en est qui ayent assassiné matériellement, ou volé la République, faites tomber le glaive de la Loi sur leurs têtes. Mais, si, par un excès de zèle; si, trompés par ceux qui ont occasionné nos malheurs, *(les Représentans du Peuple en mission.)* ils ont outre-passé les bornes de la justice par la terreur que ces Représentans faisaient planer sur nos têtes; pénétrez l'intention, et mettez ces bons Citoyens à même de combattre les véritables ennemis de la République. Rappellez-vous ce que ces hommes ont fait pour la Liberté. Les barrières d'Ingrandes, Bressuire, le pont Barré, les Ponts-de-Cé, et les journées des 13 et 14 Frimaire, déposent en leur faveur. Quoi! les Brigands qui ont mis la République à deux doigts de sa perte ; fait dix mille veuves dans le Département de Maine et Loire ; qui ont réduit trente mille enfans dans la misère ; qui ont ruiné notre culture, notre commerce et notre navigation, ont été, par les Représentans Amnistiens, lavésde tout crime, indemnisés de leurs pertes, gorgés d'or et d'assignats ; aujourd'hui même, ils assassinent vos frères, vos femmes, vos enfans ! et on veut que les Patriotes qui auront peut-être manqué à la forme pour réduire ces Révoltés, soient flétris par vous! Non ; vous êtes trop justes, trop équitables pour servir aussi légèrement la réaction Royaliste ; *vous êtes souverains dans le Jugement que vous allez porter ; la justice et l'équité feront la base de la déclaration que vous allez donner.* Vous connaissez les faits ; et je suis sûr que je verrai rompre par vous les fers qu'on a remis à mes compagnons d'infortune, après qu'ils les avaient si glorieusement brisés.

Tout ce que je viens de dire, Citoyens Jurés, en faveur de ces malheureux pères de famille, ne me regarde pas, puisque j'ai décliné le Tribunal, et que, lorsqu'on épouse des intérêts aussi importans que ceux que je défends, ils méritent d'être jugés plus solennellement. Déjà j'ai exposé une fois ma tête, pour sauver votre Département ; je la sacrifie aujourd'hui de bon cœur, si je parviens à faire connaître les traîtres qui, en vous ruinant, voulaient ensevelir la République sous ses ruines. Le Comité de Sûreté-Générale vient d'être trompé sur mon compte, comme je l'ai été sur les six individus pour lesquels je sollicite votre justice.

En me confondant avec eux dans la même prison , on s'était attendu à un tout autre effet que celui qui en a été la suite. Ils ignorent, ces misérables ! ce que peuvent les vrais Républicains. J'ai vu les Prévenus, je les ai entendus , j'ai étudié leur affaire, et me suis convaincu, d'un côté, que j'avais été induit à erreur sur la plûpart des délits qu'on leur impute , et qu'ils étaient excusables sur les autres. Le jour que je leur ai rendu mon estime , a été le plus beau de ma vie ; un d'entre eux , qui , avant le 9 Thermidor , m'avait dénoncé pour avoir tenu des propos contre Marat , a reconnu ses torts ; et cela suffit.

Ainsi la Providence déjoue toujours la malveillance ; ainsi je crois être parvenu à vous démontrer que Delaunay a surpris le Comité de Sûreté Générale sur mon compte, lorsqu'il m'a présenté aux Représentans qui le composent , comme un imposteur ; ainsi je crois vous avoir prouvé que lui seul mérite cette flétrissante épithète. Il me reste , Citoyens Jurés , à me justifier à vos yeux sur les autres calomnies dont il s'est servi pour flétrir ma réputation.

Il a dit au Comité de Sûreté Générale , *que j'étais un intrigant.* Il est certain que, si, épuiser sa santé par un travail opiniâtre, pendant cinq ans ; perdre son repos, pour ne s'occuper, pendant ce temps, que de la chose publique, et venir à son secours aux dépens de sa fortune ; il est certain , dis-je, qu'alors j'ai mérité l'imputation que m'a faite Delaunay. Lorsque mes Concitoyens m'ont honoré de la Mairie de Chalonnes , et de la place d'Administrateur du Département , je n'avais point fait imprimer de liste des candidats ; je n'avais pas changé de costume pour tromper le Peuple ; je n'avais pas dans

les assemblées des parens postés pour capter les suf-
frages : mes Concitoyens m'ont porté à ces places à
l'unanimité absolue ; et ces places étaient gratuites. *On
sait si Delaunay a été élu de cette manière.*

Lorsque les Représentans Tallien, Richard, Choudieu
et Turreau, me nommèrent pour être du Comité Révolutionnaire, j'étais à Paris, et je ne connaissais aucun
d'eux. Lorsque Richard et Choudieu me firent passer
après, au Directoire du Département, j'avais si peu intrigué pour avoir cette place, que mes premières occu-
pations furent de critiquer les mesures qu'ils faisaient
exécuter dans la Vendée ; et j'en écrivis à la Convention. Vinrent après Bourbotte et Turreau, Francastel et
Hentz. Vous savez, Citoyens Jurés, si je les flattais !
Sept mois de cachot, et le sacrifice que j'avais fait de ma
vie pour combattre leurs systêmes, ont été la récompense
de mes services. Voilà comme j'ai intrigué.

Qu'a fait Delaunay pour la Révolution ? Depuis 89, il n'a
pas discontinué d'être en place. La seule différence qu'il y
a eu de lui à moi, c'est qu'il a pris les places lucratives, et
que mon ambition s'est bornée à servir la Chose publique
gratuitement. Vous savez que ce Représentant quitta
en 1791, la place de Procureur-Général-Syndic, pour
prendre celle du Tribunal criminel, parce qu'elle donnait
1500 livres de plus, et moins de travail. J'ai acheté mes
Biens Nationaux au denier trente ; et il a trouvé le
secret d'en avoir au denier seize. Depuis qu'il est à la
Convention, qu'a-t-il fait pour la République et pour son
Pays ? Il a exécuté la Loi d'Amnistie ; et cela dit tout.
Vous savez, Citoyens Jurés, que, si j'entreprenais de
comparer sa moralité à la mienne, il n'y gagnerait rien.
Mais je lui en fais grâce.

Il m'a encore accusé d'avoir servi la faction décemvirale.
Ici, je vais le confondre avec des titres. Lisez ma Lettre du
23 Frimaire, à la Convention (1). Lisez l'Extrait du Bulle-
tin, du 29 du même mois. Le voici (2). Lisez la Lettre
écrite au District d'Angers, le 14 Germinal. La voici (3).
Lisez l'acte d'Accusation dressé contre moi. Le voici (4).
Voilà, Citoyens Jurés, comme je servais la faction conspiratrice. Que répondra Delaunay à ces pièces ? Je l'ignore.

Mais ce que je n'ignore pas, c'est qu'il a, par ses men-
songes, surpris le Comité de Sûreté Générale, en lui
faisant juger ce que je n'avais pas demandé, et ce qui
n'était pas de la compétence de ce Comité. Je ne l'avais
pas demandé ; la Lettre que vous avez déjà lue, le prouve ;
mon déclinatoire ne regardait que le Tribunal de Cassation, ou le Comité de Législation ; puisque c'est pour la
première fois que celui de Sûreté Générale s'est occupé
des affaires judiciaires.

Quel pouvait donc être le but de ce digne Représentant,
en me calomniant, en me rendant victime d'une injustice
criante, et en trompant le Comité ? C'est qu'en faisant
précipiter le Jugement de mon affaire, par les Agens
qu'il a placés à Angers ; il ensevelissait à jamais ma
dénonciation contre lui. Voilà, Citoyens Jurés, le
nœud gordien de l'infernale machination qu'on ourdit
contre ceux qui ont le courage de dire la vérité. *Delaunay
pourra faire de moi un second Phelippeaux ; mais s'il
parvient, par cette infâme manière, à me procurer mon
repos, après avoir, pendant quelque temps, promené son
crime ; il subira le même sort que les assassins de ce
Martyr de la Liberté.*

Mais vous, Citoyens Jurés, qui ne pouvez vous dissimuler les maux qui vous accablent ; qui devez entrevoir

l'abîme creusé sous vos pas ; livrerez-vous un des plus zélés Défenseurs de votre Pays, aux parens de Delaunay, pour qu'ils le condamnent sur des dépositions de *Brigands*, de *Prévaricateurs* et de *contre-Révolutionnaires*, à qui ce Représentant a osé faire grâce, au nom du Peuple Français, malgré qu'il contrevînt à la Loi d'amnistie ? Non ; vous ne partagerez pas les crimes de mes oppresseurs. Votre attachement à la République, l'honneur, les principes, la justice, l'humanité, et, si j'ose le dire, les services que j'ai rendus à la Chose publique, m'assurent que vous déclarerez que la procédure instruite contre moi, par *Gautret* et *Mijonnet*, n'est que le fruit de *la vengeance et de la fraude* ; que cette procédure a été suivie par des Juges suspects ; et qu'ainsi il n'y a pas lieu à accusation.

Et vous, Républicains, qui avez des larmes à répandre sur la tombe de vos pères, de vos femmes, de vos enfans, de vos amis assassinés *par les frères égarés de Delaunay !* vous, malheureux Réfugiés ! que ces monstres arrachèrent ignominieusement à vos familles, à vos foyers ! vous qui ne pouvez encore, sans crainte de la mort, aller recueillir les tristes débris de vos fortunes ! vous, enfin, à qui il ne reste plus que le désespoir ! quand oserez-vous déposer vos plaintes au sein même de la Représentation Nationale ? Quand oserez-vous dire à la Convention, que les *Représentans amnistiens* l'ont trompée ? qu'ils ont fait le malheur de la République, le vôtre, et celui de la Postérité ? Quand, enfin, aurez-vous le courage de lui dévoiler la réaction du Royalisme et du Papisme qui veulent relever le trône et l'autel qu'ont renversé le Peuple et ses Mandataires ?

Vive la République, une et indivisible !

J. A. VIAL.

NOTES.

(1) *Jean-Antoine Vial, Procureur-Général-Syndic du Département de Maine et Loire ; au Président de la Convention Nationale.*

Tu trouveras, Président Républicain, le Procès-verbal que l'Administration du Département a rédigé de tous les faits qui se sont passés à Angers, dans les mémorables journées des 13 et 14 Frimaire, afin que tu les mettes sous les yeux de la Convention. Elle y verra que cette Ville qui était injustement asservie à la rigueur de l'opinion publique, depuis trop long-temps, et qui avait été dénoncée comme un repaire d'ennemis publics, n'avait été arrêtée, dans sa marche révolutionnaire, que par un petit nombre d'intrigans dont les nouvelles Autorités constituées ont fait justice. Cette Ville vient de reprendre ses droits à l'estime publique, en soutenant un siége de deux jours contre les Rebelles de la Vendée ; elle a prouvé ce que peuvent l'amour de la Liberté, et l'horreur du Sacerdoce et de la Monarchie.

Sa Garde Nationale qui, depuis la Révolution, a combattu l'aristocratie et le fanatisme ; qui avait étouffé à Bressuire, le premier germe d'une guerre royaliste et religieuse ; qui, au mois de Mars dernier, envoya cinq cens hommes au secours des Nantais, lorsque les Brigands étaient à ses portes ; cette Garde Nationale que des Généraux perfides et des meneurs Fédéralistes n'ont pas rougi de décrier, après l'avoir lâchement abandonnée, au mois de Juin dernier (*) ; qui a laissé près de

---

(*) D'un ordre daté de Tours, le 10 Juin 1793, l'an 2e. de la République Française, donné par le Citoyen Menou. Général-Divisionnaire, commandant en second l'Armée des Côtes de la Rochelle, au Citoyen Drouet, Inspecteur-Général de l'Artillerie, à Angers et Saumur ; duquel ordre copie est déposée aux Archives du Département de Maine et Loire ;

A été extrait ce qui suit :

« Il est ordonné au Citoyen Drouet, Inspecteur-Général d'Angers » et Saumur, de faire évacuer d'Angers toutes les munitions de guerre » et artillerie qui s'y trouvent, pour les faire refluer sur les points qui » lui seront indiqués par les Généraux qui pourront se trouver à An- » gers, ou Commandans des Troupes de ce canton ».

D'une lettre datée de Tours, le 11 Juin 1793, l'an 2e. de la République Française, écrite par le Citoyen Menou, Général-Divisionnaire, commandant en second l'Armée des Côtes de la Rochelle, et adressée aux Généraux-Divisionnaires qui étaient lors à Angers, de laquelle lettre copie est déposée aux Archives du Département de Maine et Loire ;

cent hommes sur la place, au Pont Barré, par la trahison de ce Duhoux qu'on a soustrait au glaive de la Loi ; cette Garde Nationale, enfin, qui avait juré d'exterminer les Rebelles, ou de s'ensevelir sous les ruines de la Ville qui la vit naître, vient de tenir sa parole ; et si l'Armée n'a tué qu'environ deux mille Brigands, c'est que les Généraux n'ont pas voulu qu'elle les exterminât tous.

La Convention n'apprendra pas, sans attendrissement, des traits qui sont le véritable thermomètre de l'esprit public qui anime aujourd'hui les Angevins. Tandis que les hommes se mesuraient avec l'ennemi, les femmes s'élevaient au-dessus de la timidité naturelle à leur sexe, et,

---

A été extrait ce qui suit :

« Angers ne peut pas être défendu ; il faut donc, pour le moment, l'a-
» bandonner à l'ennemi. Mais lorsque nous aurons réuni une Armée de
» cinquante mille hommes, nous reprendrons toutes ces Villes, et
» poursuivrons l'ennemi par-tout où il se portera ; c'est le seul moyen
» de sauver la Chose publique ».

Séance du mardi 11 Juin 1793, l'an deuxième de la République Française.

Les trois Corps Administratifs réunis ; les Généraux Sureau, Coustard, Généraux-Divisionnaires ; Barbasan, Général de Brigade, commandant à Angers ; Gauvilliez, Chef de Légion, et autres Officiers de la Garde Nationale d'Angers, et le Citoyen Leger, Secrétaire ; tous composant le Conseil de guerre, ont pris séance.....

Le Président du Département a requis les Commandans de la Force armée de déclarer si, vu l'état de la Ville et les forces qui sont à leur disposition, ils se croyent en état de défendre la Ville.....

Le Général Barbasan a pris l'avis de tous les Membres du Conseil de guerre, qui, vu le petit nombre d'hommes en état de prendre les armes pour la défense de la Ville, et les forces considérables de l'ennemi qui, selon les rapports des Eclaireurs, marche à Angers sur trois colonnes, ont été d'avis qu'il n'était pas possible de défendre la Ville ; le Conseil de guerre a été d'avis de n'en faire la retraite que lorsqu'on aurait été assuré, par les rapports des postes avancés, que l'ennemi s'avance en force supérieure.....

On a ensuite agité la question de savoir sur quel point on dirigerait la retraite ; il a été arrêté qu'elle se ferait par Laval.....

Arrête que le Général Sureau commandera l'avant-garde avec un sixième de cavalerie ; le Général Barbasan, la Division de l'Ouest ; et le Général Gauvilliez, l'arrière-garde avec les cinq sixièmes de la cavalerie, et que l'artillerie sera divisée d'après les dispositions militaires.....

Arrête, de plus, que, sur-le-champ, les ordres seront donnés pour faire sortir de la Ville tous les charriots et effets de campement.....

Pour expédition. *Signé*, LEGER, Secrétaire.

Pour copie conforme à l'expédition déposée aux Archives du Département de Maine et Loire.

Signé, LETOURNEAU, Secrétaire-Général.

n'écoutant que la voix du Patriotisme, se portaient en foule sur les remparts et dans les rues ; là, bravant le feu du canon et de la mousqueterie, les unes distribuaient aux Soldats des cartouches et des rafraîchissemens ; les autres portaient des sacs de terre pour élever les remparts, et pour mettre, par-là, les Soldats à l'abri du feu de l'ennemi ; quelques-unes relevaient les blessés, lavaient leurs plaies, et les conduisaient aux hôpitaux ou chez elles ; plusieurs ont reçu des honorables blessures, en cédant ainsi au mouvement du civisme et de l'humanité. C'est ainsi, Président, que les Angevins répriment la calomnie ; c'est ainsi qu'ils prouvent leur républicanisme.

L'invasion du mois de Juin avait réduit la Ville d'Angers dans la plus affreuse détresse pour les subsistances : depuis ce temps, il est passé dans ses murs plus de cent mille Soldats ; trente mille y ont séjourné pendant quinze jours ; mais telle a été la vigilance des Autorités civiles, que les Troupes de la République n'ont manqué de rien, et que la Ville était approvisionnée pour tenir un mois de siège. Les Républicains, envoyés Commissaires dans toute l'étendue du Département, ont fait refluer dans les magasins publics, les grains, fourrages et bestiaux que les égoïstes refusaient ; et le zèle avec lequel ces bons Patriotes se sont portés à ces missions périlleuses, était un avant - coureur du succès de nos armes.

Avec le reste de la France, j'étais étonné que des hommes libres fussent aussi long-temps repoussés par des esclaves : cette énigme n'en est plus une à mes yeux. Si les trésors de la République ont été frustrés de plus de trois cens millions, et si le sang de nos Frères a inutilement coulé pour cette guerre d'arlequin, c'est à la malveillance ou à la lâcheté des Généraux à qui la France doit toutes ses défaites. Je dénonce ces traîtres à la Convention, avec cette franchise qui caractérise mon ame, et sur laquelle on peut prendre des renseignemens. J'atteste à la Convention, qu'à l'exception de Beaupuy encore convalescent, de Menard, Commandant de la Place, et de ses Adjudans-Majors, aucuns des Chefs de l'Armée n'ont fait leur devoir ; qu'au lieu d'encourager par leur présence, par leur exemple et par leurs discours, les braves Soldats de la République qui combattaient, ils ont resté pendant trente-deux heures, qu'a duré le feu, renfermés pour la plûpart dans leurs domiciles, plus soigneux de préparer leur évasion, qu'une défense générale ; et ils attendaient si bien une défaite pour légitimer leur fuite, que j'ai rencontré moi-même, leurs chevaux et un cabriolet chargé qui filait vers la porte St. Nicolas, c'est-à-dire du côté opposé où était l'ennemi. Je les accuse d'avoir tenté par une aussi lâche démarche, de paralyser le courage de nos braves Défenseurs. Je les accuse d'avoir négligé une sortie que tous les Soldats demandaient, lorsque les Rebelles étaient tombés dans une désorganisation absolue.

Est-ce lâcheté? est-ce perfidie? Je pense que c'est l'une et l'autre. Sans doute qu'ils diront à la Convention qu'ils manquaient de cavalerie; mais la déroute des Brigands étaient tellement complète, que deux mille fantassins auraient suffi pour en purger le sol de la Liberté. Ils diront encore qu'ils attendaient l'Armée de Mayence; mais cette Armée elle-même, pourquoi est-elle restée trois jours à Châteaubriant, lorsque le canon annonçait suffisamment à ces Généraux pervers, que la Ville d'Angers était en péril? Pourquoi a-t-on fait faire ensuite à cette Armée une marche forcée? Qui ne voit qu'on voulait la mettre hors d'état d'agir avec autant de promptitude que l'exigeait l'empire des circonstances? Et pourquoi n'est-elle arrivée qu'après la levée du siége?

La Convention va voir maintenant que cette conduite oblique était combinée, et que l'immobilité des Généraux avait pour but principal le perfide dessein de ne pas terminer une guerre de laquelle dépend le salut de la République.

S'ils avaient eu envie de terminer cette guerre désastreuse, et d'empêcher que les Rebelles ne dévastassent le Département de la Sarthe, on aurait envoyé une colonne à la Flèche, pour leur couper le passage.

Si Muller avait eu l'intention de les détruire, il se serait rendu aux invitations réitérées que Westermann lui fit le 17 Frimaire, de faire avancer sa colonne, au lieu d'abandonner ce brave Général à ses forces individuelles, et de l'obliger à faire une retraite qui approche beaucoup d'une déroute. Ce secours qui eût été très-efficace ce jour, fut inutile le 18, par la mal-adresse qu'on eut de laisser à une lieue en deçà de Clefs, la Division du Général Amey, tandis que celle de *Muller* était à une lieue au-delà. Il ne faut pas faire de grands efforts de sagacité, pour concevoir que, lorsque la première ligne gagne du terrein, la seconde doit avancer de la même quantité d'espace, et qu'il doit y avoir entre ces deux lignes un assez petit intervalle, pour que la seconde puisse promptement secourir la première; aussi la première ayant été obligée de battre en retraite, cette retraite a failli, comme j'ai déjà dit, se changer en déroute, parce que la seconde ligne n'a pu la soutenir; et si cette déroute n'a pas eu complettement lieu, c'est qu'un brouillard

très-épais et la nuit séparèrent les combattans, et donnèrent le temps
à l'Armée de la République de se replier sur Baugé.

Je ne te parlerai pas, Citoyen Président, des dilapidations que ces
Généraux commettent journellement sur les propriétés Nationales. Le
Procès-verbal que je t'envoie, contient quelques faits qui suffiront pour
donner à la Convention une idée de leur délicatesse : mais ce qu'il est
pressant d'éclaircir, ce sont les faits dont je viens de te parler ; parce qu'il
importe de montrer à nud les perfides qui veulent perpétuer une autorité
lucrative au prix de notre sang et des trésors de l'État. Le salut du Peuple
ne doit pas reposer sur les combinaisons intéressées. Pour moi, fidelle à
mes principes, je dénoncerai tous les traîtres avec la même vigueur que
je l'ai fait jusqu'à ce jour ; et il ne dépendra pas de moi que je ne déjoue
les projets de toutes ces grandes moustaches et de ces longs sabres qui
spéculent froidement sur les malheurs publics, en singeant les bons
Militaires, sans en avoir la bravoure, ni les vertus.

Les soins des Autorités constituées de ce Département ne se sont pas
bornés à l'approvisionnement de l'Armée ; ils les ont étendus, de concert avec le sage Francastel, à mettre à couvert de l'invasion des Rebelles,
toutes les caisses, titres et papiers, et sur-tout de faire sûrement parvenir
au Trésor National le numéraire et toutes les matières d'or et d'argent qu'ils avaient à leur disposition. La Convention aura vu que notre
Département ne sera pas celui qui contribuera le moins à restaurer les
finances de la République, puisque les envois qu'il a fait jusqu'à ce
jour, approchent de 4000 marcs, indépendamment de l'argent mon-
noyé. L'Exprès en remettra encore cent cinquante et quelques marcs,
venus depuis le dernier envoi. Il nous reste beaucoup de cuivre et métal
de cloches qu'il serait nécessaire d'envoyer à tel endroit qu'il plaira à la
Convention de nous indiquer. Vive la République, une et indivisible !

Signé, J. A. V I A L.

(2) « Nous apprenons par une lettre de Francastel, que le Procureur-
» Général-Syndic du Département de Maine et Loire s'est transporté
» au Comité de Salut Public, pour retarder ou modifier l'exécution d'un
» Arrêté pris à Saumur par notre Collègue Turreau : cet Arrêté qui
» rappelle les dispositions du vôtre, pour incendier dans la Vendée,
» les fours, les moulins et les repaires des Brigands, ne peut recevoir,
» dans ce moment sur-tout, aucune modification ; elle serait contraire
» à l'anéantissement de cette guerre infernale. »

(3) Les Maire et Officiers Municipaux de Chalonnes, aux Administra-
teurs du District d'Angers.

C I T O Y E N S ,

La Faction de Ronsin avait des branches tellement étendues, que les complices qu'il a laissés après lui, exécutent le plan infernal qu'il avait conçu : la guerre de la Vendée, n'en doutez pas, n'a été suscitée, n'a été alimentée, et ne se perpétue que pour dépeupler les six plus beaux Départemens de la France, pour mettre les habitans les uns contre les autres, et les faire mourir par la famine, en détruisant environ quatre cens lieues planimétriques de terrein, par le pillage et par les flammes. Eh ! qui ne voit pas que ce qui s'est passé, ce qu'on fait et ce qu'on nous prépare, ne sont que des mesures contre-révolutionnaires, qui n'ont pour but que de nous ensevelir sous les décombres de la République ? Les braves Chalonnais devaient être les premiers punis, parce qu'ils avaient les premiers démasqué les Conspirateurs, et l'ont été : leurs maisons et leurs effets ont été réduits en cendres cette nuit, par le feu que les Rebelles y ont mis hier soir, à six heures.

Vous n'oublierez pas, Citoyens Administrateurs, les étonnantes démarches que nous avons faites pour prévenir un malheur dont la perte est au moins de trois millions ; vous vous rappellerez que depuis le passage de la Division de *Turreau, qui avait commencé à incendier les propriétés des Patriotes, nous n'avons cessé de demander des fusils, des munitions de guerre, et un renfort de troupes ; vous attesterez sans doute, qu'on n'a pas voulu nous écouter, non plus que vous ; interprétez ce refus par les suites.*

Mais ce qui vous pénétrera d'admiration, et qui vous convaincra *que les Chalonnais sont dignes d'être libres, et qu'ils veulent l'être, c'est que dans le temps que les flammes consommaient leur avoir, environ quatre cens voiles couvraient le bras du fleuve de la Loire qui est à droite de l'Isle, où ces fiers Républicains sont réfugiés ;* des égoïstes auraient tenté d'aller défendre leurs propriétés, et se seraient peu souciés des richesses de la République, *qui, bien certainement, seraient devenues la proie des Rebelles ; ils ne se seraient pas souciés davantage de la jonction de ces Rebelles avec les Chouans, qui aurait également eu lieu :* eh bien ! les Chalonnais ont dit : *Nos propriétés brûlent ; on nous refuse des armes et des munitions ; il faut tout sacrifier pour prévenir l'effet d'une infâme trahison. Et ils l'ont fait.*

Mais

Mais, Citoyens Administrateurs, le mal est à son comble; il est inouï que tant de scélérats qui nous amusent aussi long-temps, en consommant leurs crimes, soient encore à punir; il faut enfin sortir de la léthargie dans laquelle nous sommes; il faut dénoncer à la Convention ces hommes qui la trompent; sans quoi vous pouvez compter que ces misérables, après avoir fait brûler la récolte dernière, vont détruire la nouvelle; que nous mourrons tous par la fa m, l'an prochain, ou que nous nous entr'égorgerons tous par la guerre civile qu'on alimente.

Salut et Fraternité. Suivent les signatures de tous les Officiers Municipaux.

(4) Michel-Joseph Leblois, Accusateur Public du Tribunal Révolutionnaire, à Paris, expose : Que, par Arrêté des Citoyens Bô et Bourbotte, Représentans du Peuple près l'Armée de l'Ouest, en date du 17 Prairial dernier, Jean-Antoine Vial, etc., a été traduit au Tribunal, comme prévenu d'avoir manifesté, par différens propos qu'il a tenus dans plusieurs circonstances, son mépris pour la Représentation Nationale et les Autorités constituées, et sa haine pour le Gouvernement Révolutionnaire. Se trouvant un jour à dîner, il y dit, en parlant de Marat : Que tous ceux qui étaient ses partisans étaient des F. G., des coquins, des scélérats et des anarchistes : qu'un autre jour, en parlant de la Constitution Républicaine, il déclama contre la Convention Nationale, et sur-tout contre la Montagne, dont il qualifiait les Membres de scélérats, en disant qu'il fallait absolument une autre Législature, etc.

D'après l'exposé ci-dessus, l'Accusateur Public, etc. Fait au Tribunal, le 9 Vendémiaire, l'an 3e., etc.

Nota. Cet acte d'accusation avait été dressé par Fouquet-Tainville, du temps de Robespierre.

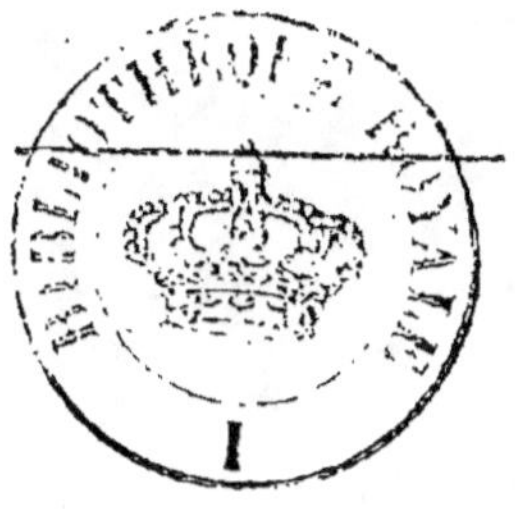